Éditeurs
pour le musée du Louvre : Violaine Bouvet-Lanselle,
assistée de Catherine Dupont
direction du Développement culturel
pour Hachette : Sandra Berthe
Auteur : Irène Delage
Illustrateur : Jean-Marie Poissenot
Mise en page : François Lemaire
Nous remercions de leur collaboration :
Claudette Morris, Carole Nicolas

En page de garde :
David, le peintre officiel de Napoléon, a mis quatre ans à peindre ce tableau où sont représentés près de 200 personnages. Napoléon se couronne lui-même et couronne son épouse Joséphine.

ISBN du Louvre : 2901 785 86 7

ISBN : 2-012919-98-7
Imprimé et relié en France par Pollina 85400 Luçon - n° L94316
Dépôt légal : 48947 - septembre 2004 - Édition 01
EAN : 978.201291998/3/01
Loi n° 49-956 du 16 juillet 1949 sur les publications destinées à la jeunesse

Napoléon Bonaparte

Un homme, un empereur

Auteur : Irène Delage
Illustrateur : Jean-Marie Poissenot

HACHETTE
Jeunesse

LOUVRE

Sommaire

Le jeune officier de Corse

Après une enfance heureuse en Corse, Bonaparte suit une éducation militaire à Brienne. Ses premiers faits d'armes se déroulent à Toulon où il débute une brillante carrière militaire.

Enfance en Corse

Deuxième garçon d'une famille noble, Napoléon, né le 15 août 1769, est un enfant turbulent, têtu, souvent grondé. Comme tous les enfants de son âge il joue à la guerre et préfère déjà commander. Il aime aussi s'isoler pour lire et rêver. À 5 ans, il va à l'école pour apprendre à lire et à écrire le français, car les habitants de l'île parlent une langue proche de l'italien.

La famille Bonaparte n'est pas très riche mais possède des propriétés qui lui permettent de vivre simplement. La maison natale de Napoléon, bâtie au début du XVIIIe siècle, existe toujours et se visite.

Une éducation militaire

À 10 ans, Napoléon, avec son frère aîné Joseph, est pensionnaire dans une école réservée aux nobles, à Brienne près de Troyes. Susceptible et renfermé, il a peu d'amis et ses camarades se moquent de son accent corse. À 15 ans, il entre à l'École militaire de Paris pour devenir officier d'***artillerie***. Il étudie le français, l'anglais, l'histoire, la géographie, la physique, il apprend à manier les armes et à monter à cheval. Il lit de nombreux livres militaires et d'histoire. Reçu officier à 16 ans, il est envoyé dans un régiment à Valence dans le Sud. Mais il apprend la mort de son père et reçoit la permission de rejoindre sa famille.

Élève sérieux, très bon en mathématiques, Napoléon voit l'un de ses professeurs écrire dans son dossier : « Ce jeune homme ira loin si les circonstances le favorisent. »

Durant la Révolution française

Entre 1789 et 1799, c'est la Révolution : beaucoup de Français ne veulent plus du roi Louis XVI et n'acceptent plus que les nobles soient privilégiés et ne paient pas d'impôt. Ils revendiquent la liberté de penser et le droit de voter pour élire leurs gouvernants, de choisir leur métier et de s'instruire. Menacés, les nobles émigrent à l'étranger. Louis XVI est exécuté et un nouveau régime, la ***République***, remplace la monarchie. Entre deux séjours en Corse, Napoléon s'enthousiasme pour ces idées d'égalité et soutient la République contre ceux qui veulent le retour de la monarchie. La Corse est également bouleversée par des luttes entre les partisans de l'indépendance de l'île et ceux du rattachement à la France. Favorables aux Français, les Bonaparte sont menacés et quittent Ajaccio pour s'installer à Marseille en juin 1793. Pendant ce temps, en Europe, les monarchies s'allient pour faire la guerre à la France républicaine.

Artillerie :
c'est l'art d'utiliser les canons.

République :
régime politique dans lequel les citoyens élisent leurs représentants pour gouverner.

Têtu et renfermé, Napoléon a peu d'amis à l'école de Brienne, et s'ennuie beaucoup de la Corse et de sa famille.

Ses premiers succès

En 1793, grâce à une brillante idée du jeune officier, les Français républicains chassent les Anglais du port de Toulon le 18 décembre. De retour à Paris, il écrase en 1795 une révolte royaliste et reçoit en récompense le poste élevé de commandement de l'armée de l'Intérieur : il n'a que 26 ans !

En 1764, Letizia Ramolino a 14 ans quand elle épouse Charles Bonaparte. Mère de 12 enfants, dont 8 survécurent, Letizia sait faire preuve d'autorité pour diriger la famille lors des absences de Charles.

Napoléon est né dans une famille dont la noblesse est reconnue par le roi en 1771. Son père Charles, avocat, membre du tribunal d'Ajaccio, est un personnage important et respecté. Il meurt à 39 ans, en 1785.

L'Italie, terre d'exploits

En 1796, le gouvernement républicain, le Directoire, envoie Bonaparte combattre les Autrichiens. Volontaire et chanceux, il récolte alors ses premiers lauriers.

Le 14 janvier 1797, Bonaparte décide de surprendre les Autrichiens à l'aube. Ces derniers résistent avec acharnement et mettent en danger les Français. Mais avec l'aide des généraux Joubert et Masséna, Bonaparte renverse la situation l'après-midi et remporte une victoire éclatante : il peut alors regarder des troupes ennemies battre en retraite en fin de journée.

Un général enthousiaste

Lors de sa première vraie campagne, Napoléon peut mettre en œuvre sa principale tactique : surprendre l'ennemi en le contournant pour l'attaquer par-derrière. Cela nécessite que les troupes se déplacent très vite. Les soldats sont fatigués, mal nourris et mal équipés, mais trouvent beaucoup de force dans l'enthousiasme et le courage de leur jeune général.

Les premières grandes victoires

Pendant la bataille d'Arcole, du 15 au 17 novembre 1796, Napoléon manque de peu d'être tué en traversant un pont à la tête de ses hommes. Battus, les Autrichiens se reconstituent mais ils sont de nouveau vaincus à Rivoli, le 14 janvier 1797. Bonaparte gagne sept batailles en sept mois : il semble imbattable. Il menace de se diriger vers Vienne mais l'ennemi préfère signer la paix de Campo-Formio le 17 octobre 1797. Sans attendre les ordres du Directoire, Napoléon organise l'Italie du Nord en une République sur le modèle français, et les Italiens acclament ce général qui les a libérés des Autrichiens.

Ce célèbre tableau de Gros glorifie le courage du jeune chef militaire Bonaparte : il est représenté en pleine action, sabre et étendard à la main, son corps se projette vers la gauche, tandis que son regard tourné vers la droite entraîne ses soldats à le suivre.

Bonaparte et la propagande

Il a très vite compris qu'il est important pour sa carrière de présenter une image favorable auprès des Français. Ces derniers suivent avec passion les campagnes en lisant les journaux. Bonaparte crée le *Courrier de l'armée d'Italie*, dans lequel il écrit lui-même ou fait rédiger des articles racontant ses batailles et mettant toujours en avant la valeur de ses soldats et ses talents de général. Ces récits doivent montrer combien ses hommes l'adorent, mais aussi que les populations des régions italiennes le considèrent comme leur sauveur. Car déjà Bonaparte est convaincu qu'il peut jouer un rôle politique important en France.

Des œuvres d'art pour trophées

À la demande du Directoire, Bonaparte rapporte de nombreuses œuvres d'art, car le gouvernement veut constituer un grand musée, où tous les Français pourraient venir découvrir les chefs-d'œuvre de la peinture et de la sculpture européennes. C'est aussi un moyen de montrer à quel point les Français sont victorieux, et une manière de faire payer un tribut aux vaincus. Si Bonaparte n'est pas à l'origine de cette pratique discutable, elle durera pendant toutes ses campagnes militaires et enrichira le musée Napoléon, aujourd'hui musée du Louvre.

Le Laocoon, groupe de marbre très expressif, presque terrifiant, fait partie des œuvres saisies par Bonaparte lors de la première campagne d'Italie. Il a été rendu à la chute de l'Empire.

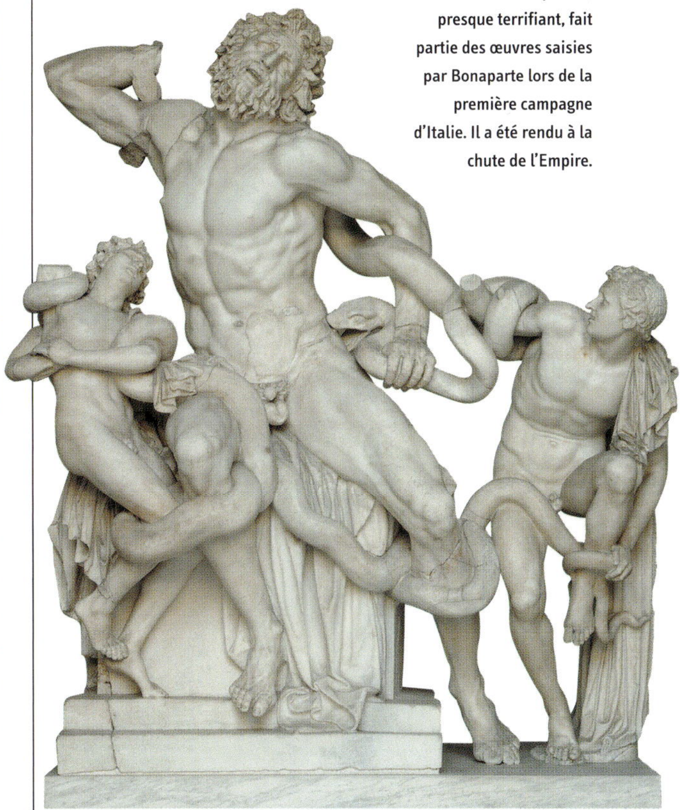

L'Égypte, du rêve à l'échec

Afin de gêner les Anglais en Orient, l'ennemi de toujours, Bonaparte part à la conquête de l'Égypte. Mais face à la ténacité des combattants, il est contraint d'abandonner son rêve.

Face aux mameluks qui attaquent de manière désordonnée, Bonaparte organise ses troupes en carré, un canon à chaque coin. Il remporte la victoire en moins de deux heures.

L'organisation de l'expédition

Afin de tromper les Anglais, Bonaparte garde cette expédition secrète. Ses soldats ne connaissent pas la destination précise du voyage, et les bateaux partent de différents ports pour se rejoindre en pleine mer. L'amiral anglais Nelson et ses navires partent à la recherche des Français, mais les deux flottes se croisent sans jamais s'apercevoir. Après presque deux mois de mer, l'armée française arrive à Alexandrie le 1er juillet 1798.

Une campagne désastreuse

Après avoir pris Alexandrie, Bonaparte se dirige vers Le Caire. Mal équipés, mal ravitaillés, les soldats souffrent de la chaleur du désert, de la soif et doivent combattre les redoutables mameluks. Le 21 juillet, les Français remportent la bataille des Pyramides près du Caire. Dès son installation dans la ville, Bonaparte réorganise l'administration mais les habitants se révoltent. La répression est terrible, provoquant beaucoup de morts du côté égyptien. Pendant ce temps, la flotte française pense être à l'abri dans le port d'Aboukir. Le 1er août 1798, Nelson bloque les bateaux français et les coule presque tous. C'est un désastre, 1 700 marins français sont tués.

Retour en France

En janvier 1799, Bonaparte tente de conquérir la Syrie, à l'est, puis abandonne et revient en Égypte. Il remporte avec Joachim Murat une bataille importante à Aboukir le 25 juillet. Malgré cette victoire, Bonaparte comprend que ce pays est plus difficile à conquérir qu'il ne le pensait, et les Égyptiens sont hostiles aux Français qui sont découragés. Il décide donc de rentrer en France. Restés sur place, les généraux Kléber et Menou ne peuvent s'opposer longtemps aux Égyptiens aidés par les Anglais, et les Français quittent Alexandrie le 30 août 1801.

La bataille d'Aboukir le 25 juillet 1799, sur terre, est l'occasion pour les Français de prendre leur revanche un an après la destruction de leur flotte dans le port d'Aboukir. À la tête de la cavalerie, le général Joachim Murat s'illustre brillamment au cours de cette bataille.

Une aventure scientifique

Bonaparte a emmené avec lui plus de 160 savants chargés d'étudier l'Égypte ancienne et actuelle. Ils découvrent avec enthousiasme une culture et une société très différentes des leurs. Ils travaillent dans des conditions difficiles, avec la chaleur, le sable et les attaques des mameluks. Ils dessinent cependant avec finesse les temples et les pyramides, les villes et leurs habitants, les animaux et les plantes. L'ensemble de ces travaux est rassemblé dans un ouvrage en dix tomes, *La Description de l'Égypte*. Cette fantastique expérience donne naissance à l'***égyptologie***.

Égyptologie :
c'est l'étude de l'Égypte ancienne et des dynasties des pharaons.

Mameluk vient d'un mot arabe qui veut dire « esclave ». Arrivés d'Europe de l'Est il y a plusieurs siècles, ces soldats sont réputés pour leur courage. Bonaparte engagera une centaine de ces cavaliers et prendra à son service le mameluk Roustam.

À la conquête du pouvoir

En 1799, le Directoire perd la confiance des citoyens. Le coup d'État orchestré par Bonaparte lui permet d'accéder au pouvoir. Malgré de nombreux ennemis, il rétablit la paix en Europe.

Députés : ***représentants élus par les citoyens.***

Calendrier républicain : ***créé pendant la Révolution, avec de nouveaux noms de mois et de jours, il sera supprimé en 1805.***

Le coup d'État du 18 Brumaire

Avec l'aide de son frère Lucien et des soldats de son futur beau-frère Joachim Murat, Bonaparte organise un coup d'État : il prend le pouvoir et oblige les ***députés*** à le nommer à la tête du pays.

Ce coup d'État porte le nom de « 18 Brumaire an VIII » car la France utilise alors le ***calendrier républicain*** : cette date correspond au 9 novembre 1799.

Isolés à Saint-Cloud, près de Paris, les députés du Conseil des Cinq-Cents s'opposent à Bonaparte, entré dans la salle des séances avec l'intention de faire un discours. Chassé de la salle, Bonaparte fait alors intervenir les soldats de Joachim Murat pour renverser la situation et obliger les députés à lui donner le pouvoir.

Bonaparte seul au pouvoir

La ***Constitution*** de l'an VIII crée un nouveau régime, le Consulat, et donne pour dix ans le pouvoir à trois consuls qui doivent diriger ensemble. Mais c'est Bonaparte, désigné Premier Consul, qui gouverne réellement et concentre tous les pouvoirs. Il choisit les membres du ***Conseil d'État*** et ceux du ***Sénat***, ainsi que les ministres, les ambassadeurs, les officiers de l'armée et les juges. Deux assemblées représentent les citoyens et sont chargées de voter les lois, mais suivent surtout l'avis de Bonaparte. Dirigeant toutes les institutions, Bonaparte devient consul à vie en 1802.

Né en Vendée, le royaliste Georges Cadoudal est un opposant forcené à la République puis au Consulat de Bonaparte. Soupçonné de complot, il est arrêté le 9 mars 1804 mais tue un policier au cours de son arrestation très mouvementée. Condamné le 10 juin, il est exécuté le 28.

Les opposants au Consulat

Certains Français n'acceptent pas que Bonaparte soit seul au pouvoir et le 24 décembre 1800, alors qu'il se rend à l'Opéra de Paris, une bombe explose sur son passage dans la rue Saint-Nicaise. Plusieurs personnes sont tuées mais Bonaparte est sain et sauf. D'autres complots seront déjoués par Fouché le ministre de la Police, comme en mars 1804 où il arrête le royaliste Cadoudal lequel avoue qu'un prince de la famille du roi Louis XVI veut reprendre le pouvoir. Bonaparte soupçonne le duc d'Enghien, filleul de Louis XVI, le fait arrêter, juger et fusiller. Les rois et empereurs d'Europe sont très choqués : ils pensent que Bonaparte a ordonné l'exécution du prince pour les intimider.

Le peintre David célèbre la maîtrise du général monté sur un fougueux cheval. Seulement, c'est bien sur une mule, aux sabots plus sûrs sur ces chemins escarpés et enneigés, que Bonaparte a franchi les Alpes.

Constitution :
ensemble de textes qui organise le pouvoir et la gestion d'un pays.

Conseil d'État et Sénat :
assemblées ; l'une rédige les lois d'un pays, l'autre vérifie que la Constitution est bien appliquée.

La paix avec l'Europe

L'Angleterre et l'Autriche refusant de faire la paix, Bonaparte décide d'attaquer en Italie. Pour surprendre les Autrichiens, il fait passer toute son armée, avec les canons, les chevaux, la nourriture, par les Alpes enneigées. Le 14 juin 1800, il gagne à Marengo avec l'aide du général Desaix, qui meurt au cours de la bataille. Les Autrichiens signent la paix de Lunéville en février 1801, et un an plus tard les Anglais acceptent celle d'Amiens. En 1802, la France victorieuse est enfin en paix avec l'Europe, et Bonaparte est acclamé par les Français.

Quelques réformes du Consulat

Dans cette période de paix, Bonaparte s'attache à la modernisation de la France et à son uniformisation. Beaucoup de ces principes et de ces institutions sont toujours en place.

La Légion d'honneur

Créée en 1802, elle récompense le mérite des militaires et des civils, ministres, savants, artistes. Chaque membre de l'***Ordre*** reçoit une rente et doit prêter serment de fidélité à la République, puis à l'Empereur à partir de 1804.

Ordre :
les membres sont grands officiers, commandants, officiers ou légionnaires.

Depuis sa création en 1802, la forme en étoile à cinq rayons doubles, et la devise « Honneur et Patrie », de la Légion d'honneur n'ont pas changé.

Le Code civil

En moins de quatre ans, Bonaparte fait rédiger et voter le premier véritable ensemble de lois, applicables en France puis dans tout l'Empire. Elles affirment l'égalité de tous devant la loi, règlent la vie quotidienne, la propriété, l'héritage, le mariage, et servent de référence lors de procès. Très fier de cette œuvre, Bonaparte dira : « Ma gloire n'est pas d'avoir gagné quarante batailles ; ce que rien n'effacera, ce qui vivra éternellement, c'est mon Code civil. » Toujours en vigueur aujourd'hui, il a servi de modèle à de nombreuses démocraties.

La première distribution des croix de la Légion d'honneur a eu lieu le 15 juillet 1804 dans l'église des Invalides : au cours de cette cérémonie destinée à célébrer le courage et le dévouement à la patrie, Napoléon récompense lui-même un jeune invalide manchot.

Concordat : accord.

La liberté des cultes religieux

La Révolution française avait interdit le catholicisme, provoquant la colère du pape et déchirant les Français, dont beaucoup étaient croyants. Soucieux de paix civile, Bonaparte signe en 1801 un ***Concordat*** avec le pape Pie VII. La religion catholique est reconnue « religion de la majorité des Français », les évêques sont nommés par Bonaparte et les prêtres payés par l'État. Les protestants et les juifs sont également libres de pratiquer leur religion.

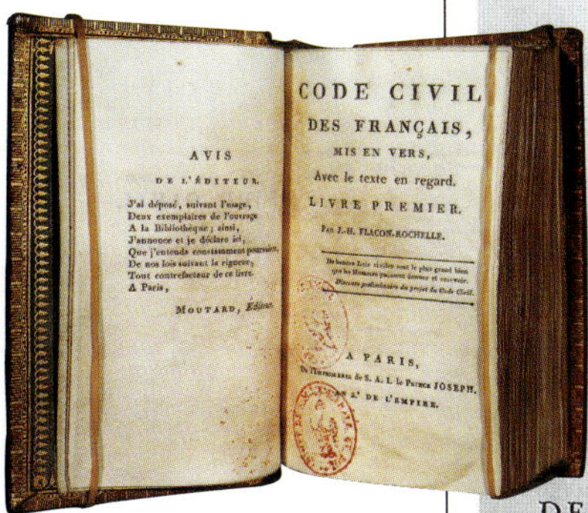

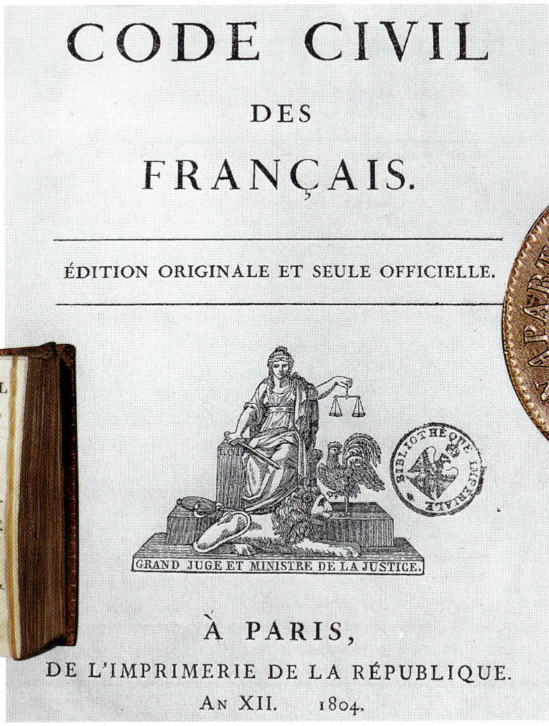
CODE CIVIL

DES

FRANÇAIS.

ÉDITION ORIGINALE ET SEULE OFFICIELLE.

GRAND JUGE ET MINISTRE DE LA JUSTICE.

À PARIS,

DE L'IMPRIMERIE DE LA RÉPUBLIQUE.

AN XII. 1804.

Appelé Code Napoléon à partir de 1807, le Code civil est introduit en Belgique, au Luxembourg, dans plusieurs États allemands, aux Pays-Bas, en Italie et en Pologne. De nombreux pays comme la Grèce, le Portugal, la Roumanie, l'Argentine et le Chili vont s'inspirer fortement du Code français, tout au long du XIXe siècle.

Le retour de l'esclavage

Aboli en 1794, l'esclavage est rétabli en 1802 dans les colonies pour faciliter l'exploitation de la canne à sucre. Cette décision, contraire aux idées d'égalité de la Révolution, provoque une révolte dans l'île de Saint-Domingue. Bonaparte y envoie des troupes mais les Français doivent capituler fin 1803. Saint-Domingue, devenue indépendante, prend le nom de « république d'Haïti ».

Les institutions

Bonaparte organise la gestion des départements créés sous la Révolution. Nommés par le Premier Consul, les préfets y représentent le pouvoir central : ils doivent faire appliquer les décisions de Bonaparte et rendre compte au ministre de l'Intérieur de tout ce qui se passe. Bonaparte les appelle des « empereurs au petit pied ». Créé en 1802, le lycée est dirigé par un proviseur et compte au moins huit professeurs qui doivent rester célibataires. À partir de 12 ans, les élèves étudient le latin, le français, l'histoire, la géographie, les mathématiques et les sciences. Ils portent un uniforme et apprennent à utiliser des armes. Payant, le lycée reste cher pour beaucoup de familles, et les filles ne sont pas admises.

Le 18 janvier 1800, Bonaparte crée la Banque de France : elle seule a le droit d'émettre la monnaie, le Franc germinal, qui doit être utilisée partout en France.

Ancien esclave, le général Toussaint Louverture a lutté pour l'indépendance de Saint-Domingue. Arrêté en 1802, il est emprisonné en France dans le Jura. Ne supportant pas le froid de cette région de montagnes, il tombe malade et meurt en prison en 1803.

Le sacre de Napoléon

Afin de consolider son pouvoir en Europe et se sentir l'égal des autres souverains, le Premier Consul Bonaparte se fait sacrer empereur. C'est le début du règne de Napoléon Ier.

L'aigle, symbole de la Rome antique, et l'abeille, celui de l'immortalité, sont les principaux emblèmes de l'Empire napoléonien. Les armoiries impériales réunissent aussi le sceptre et la main de justice, signes d'autorité, la couronne impériale et le collier de la Légion d'honneur.

Une préparation titanesque

Pour accueillir ses 12 000 invités, Napoléon choisit la cathédrale Notre-Dame, qu'il fait décorer pour l'occasion. Il organise la cérémonie et choisit pour lui, mais aussi pour l'Impératrice et la famille impériale, des costumes, tous richement brodés d'or, et des parures de bijoux, étincelants de mille feux. Paris est en effervescence, tous les artisans, ouvriers, couturiers, brodeuses et bijoutiers travaillent jour et nuit afin de rendre cet événement inoubliable. Français et étrangers louent des chambres et des balcons pour assister au cortège. Napoléon a convaincu le pape Pie VII de se rendre à Paris : c'est une venue importante car être sacré par le pape signifie qu'il détient une légitimité de régner accordée par Dieu.

Une longue cérémonie

Le 2 décembre 1804 est un jour gris et froid. Le matin à 10 heures, heure du départ du cortège, peu de gens sont dehors pour le voir quitter le palais des Tuileries et se rendre à Notre-Dame. Tout le monde est un peu en retard mais, comme Napoléon a minutieusement réglé la cérémonie, un plan a permis à chacun de repérer sa place dans l'église. La cérémonie débute et le pape Pie VII peut prononcer les formules consacrées. La cérémonie dure plus de cinq heures et les invités grignotent ou boivent discrètement pour se réchauffer. Le cortège du retour vers le palais des Tuileries traverse des quartiers dont les rues sont décorées de fleurs et de lampions. Le couple impérial est acclamé par une foule enthousiaste.

À l'occasion du sacre, la cathédrale a été transformée et richement décorée à l'extérieur et à l'intérieur : installation de gradins pour faire asseoir les invités, aménagement de fausses colonnes et de faux panneaux peints, de tentures et de lampions.

L'Empereur se couronne seul

Contrairement à la coutume, Napoléon saisit sa couronne reposant sur l'autel et fait le geste de la déposer. Puis il procède de même pour couronner Joséphine, très émue : c'est ce moment que le peintre David choisira de représenter dans son imposant tableau, *Le Sacre*. Ce geste symbolique montre le pouvoir politique mais aussi spirituel que Napoléon entend détenir.

Napoléon, comme Joséphine, a porté un « petit costume du sacre », avant et après la cérémonie, et revêtu avant d'entrer dans Notre-Dame le « grand costume du sacre », avec un long manteau de velours pourpre doublé de fourrure d'hermine.

Mis au point au XVIIIe siècle, les lâchers de ballon sont de toutes les cérémonies. Le 16 décembre, Paris organise une grande fête : un ballon richement décoré s'élève, pour achever sa course quelques semaines plus tard à... Rome !

Un mois de fêtes populaires

Pendant tout le mois de décembre, Paris est en fête, les réceptions et les cérémonies officielles se succèdent. Le 5 décembre, au Champ-de-Mars, Napoléon remet aux représentants de l'armée les **aigles**. Des manifestations populaires sont organisées à Paris et dans tout l'Empire, avec chars de musiciens et bals, spectacles forains, lâchers de ballons et feux d'artifice, ainsi qu'une distribution de médailles avec le visage de l'Empereur des Français.

Aigles :
(nom féminin) ce sont des porte-drapeaux qui servent à reconnaître les différents régiments et symbolisent la nation. Elles sont surmontées d'un aigle doré, symbole de l'Empire.

L'Empereur au travail

Napoléon, travailleur infatigable, aime contrôler tout ce qui se passe dans l'Empire. Il s'entoure de personnes de confiance et d'une police efficace.

Un caractère contrasté

De taille moyenne, Napoléon a le teint pâle, les cheveux châtains et les yeux gris-bleu. Ses contemporains notent son regard perçant qui cherche à découvrir les pensées intimes de son interlocuteur. Et s'il est connu pour ses colères, souvent feintes pour impressionner, il sait aussi être calme. Volontaire et sûr de lui, il inspire confiance à ses officiers et à ses soldats. En privé, il est aimable, souriant, volontiers taquin. S'il est direct et sans manières, il sait charmer son entourage. Tendre, il adore la compagnie des enfants, et malgré leur divorce, il restera très attaché à l'Impératrice Joséphine.

Un travailleur acharné

Très intelligent, Napoléon peut travailler 15 heures d'affilée. Il possède une excellente mémoire et réfléchit dans les moindres détails avant de prendre une décision. L'Empereur dort peu et se réveille la nuit pour dicter des lettres à son secrétaire, qui doit toujours être prêt. Il passe ses journées à étudier des dossiers, les états de l'armée et des finances, à lire la presse et les rapports de la police, et à dicter plusieurs lettres et ordres simultanément. Napoléon veut tout savoir, tout décider, sur tous les sujets, et ce même lorsqu'il est en campagne loin de Paris.

Se promenant dans le parc du château de Malmaison, Napoléon porte son célèbre chapeau noir, l'uniforme de colonel des chasseurs, et a glissé sa main droite dans son gilet : cette silhouette va devenir légendaire.

Dans la salle du Trône au palais des Tuileries, Napoléon Ier reçoit les représentants du Sénat romain le 16 novembre 1809. Cette cérémonie est l'occasion pour l'Empereur de montrer le faste de la Cour et d'affirmer son pouvoir.

Des collaborateurs de confiance

Une partie de sa réussite politique vient aussi des personnes qu'il a su choisir pour le conseiller. Lors du conseil du mercredi, il reçoit ses ministres dont Chaptal, ministre de l'Intérieur, Talleyrand aux Affaires étrangères, ou encore Berthier à la Guerre, qui lui rendent compte de l'application de ses décisions. Ses secrétaires, Bourrienne, Méneval et Fain, doivent être discrets, patients et avoir une bonne mémoire. Par ailleurs, le pouvoir de l'Empereur s'appuie sur une police efficace qui le renseigne sur tout, chaque jour. Elle surveille les écrivains, les artistes ou tout citoyen suspecté de complot. La police fouille également les appartements et n'hésite pas à lire le courrier privé.

La semaine de l'Empereur

Les lundi, jeudi et samedi les conseils d'administration se réunissent. Napoléon étudie un seul dossier en détail avec le ministre concerné et ses collaborateurs. Les mardi et vendredi, l'Empereur préside les réunions du Conseil d'État. Certains après-midi, il visite des chantiers ou des manufactures.

C'est avec ce cachet et de la cire rouge que Napoléon ferme son courrier, lettres ou ordres.

Dans l'intimité de Napoléon

Entre deux batailles, Napoléon retrouve sa vie d'Empereur et sa famille au palais des Tuileries ou dans ses demeures à la campagne. La Cour impériale l'accompagne.

Musique, travaux de tapisserie, lecture et conversations animent les soirées au château de Malmaison, une grande demeure à quelques heures de Paris que l'Impératrice Joséphine préférait à tout autre lieu.

Une journée bien remplie

L'Empereur se lève à 7 heures et boit du thé. Après un bain chaud, il se fait frictionner avec de l'eau de Cologne et s'habille avec l'aide de son valet de chambre Constant. Il revêt le plus souvent une chemise blanche, un gilet de flanelle, des bas de soie, une culotte blanche, un uniforme vert de colonel des chasseurs à cheval de la Garde impériale, des bottes noires et sa plaque de la Légion d'honneur. Après une matinée de travail, Napoléon déjeune rapidement (en 10 minutes !) d'un peu de poulet, de pâtes et de vin de Bourgogne tout en recevant des auteurs, des artistes ou le comédien Talma. Le soir, il dîne avec l'Impératrice vers 19 heures, en moins de 20 minutes, et retourne travailler jusque tard dans la nuit.

Étiquette :

819 articles qui règlent le fonctionnement de la Cour.

La Cour impériale

Napoléon organise une Cour impériale pour donner un certain faste à son règne, mais aussi une nouvelle noblesse pour récompenser ses partisans. Il réorganise son entourage ; ses frères et sœurs deviennent princes et princesses de sang, les maréchaux et les ministres, ducs, les officiers et les membres de l'administration, barons ou comtes. Ces titres de la noblesse d'Empire s'accompagnent d'honneurs, de cadeaux et d'argent. La Cour est réunie chaque dimanche aux Tuileries, et Napoléon va de salon en salon saluer chaque personne placée suivant l'***étiquette***. La Cour impériale accompagne Napoléon et l'Impératrice lors de séjours à la campagne, à Malmaison, à Fontainebleau ou à Compiègne.

Réalisée par l'orfèvre Biennais entre 1800 et 1804, pour le palais des Tuileries, ce lavabo sur pied, ou athénienne, a été utilisé par Napoléon dans son exil à Sainte-Hélène.

La Maison de l'Empereur

Elle assure le service de Napoléon. Elle est constituée du grand chambellan (chargé de la garde-robe, des valets de chambre, des réceptions et des bals), du grand maréchal du palais (chargé du fonctionnement et de la sécurité), du grand écuyer (chargé des écuries impériales, des déplacements civils, militaires et des courriers), et de l'intendant général (dont dépendent architectes, médecins ou musiciens). Les Impératrices et le fils de Napoléon ont aussi chacun une Maison à leur service.

Des loisirs simples

L'Empereur a peu de loisirs, mais il aime lire et aller au théâtre. Le dimanche matin, Napoléon et l'Impératrice assistent à une courte messe dans la chapelle des Tuileries. L'après-midi, il passe en revue l'armée dans ses plus beaux uniformes ; ce qui donne l'occasion aux Parisiens d'assister à un grand spectacle. En journée, il s'adonne parfois à des parties de chasse ou fait des promenades sur les lacs. Le soir, les pièces de théâtre et les concerts sont les principaux divertissements.

S'il apprécie tout particulièrement le château de Fontainebleau, Napoléon souhaite aussi passer quelques étés au château de Versailles : il y fait faire des travaux et aménage des appartements pour lui (voici sa chambre), l'Impératrice Marie-Louise et sa mère Letizia, au Grand Trianon.

Napoléon porte beaucoup d'attention à sa dentition, saine et belle : il se brosse les dents chaque matin avec cette brosse à dents.

Album de famille

Napoléon se sert de son entourage en plaçant ses frères et sœurs, qu'il juge faibles, à la tête de royaumes. Il assoit ainsi son autorité sur toute l'Europe.

Le 22 août 1807, toute la famille Bonaparte est réunie autour de Napoléon et de Joséphine pour la signature du contrat de mariage du prince Jérôme et de sa jeune épouse la princesse Catherine de Wurtemberg.

Ses frères, le clan Bonaparte

Joseph, le frère aîné, est d'un tempérament calme et réfléchi, mais ne parvient pas à se faire accepter en Espagne. Le frère cadet, Lucien, participe au coup d'État du 18 Brumaire et devient ministre de l'Intérieur. Mais il supporte mal le caractère autoritaire de Napoléon, qui veut décider de tout ce qui concerne la famille. En 1802, les deux frères se fâchent car Lucien s'est marié sans autorisation. Parti vivre en Italie, il n'assiste pas au sacre de 1804. Le troisième frère, Louis, est plutôt susceptible et instable ; Napoléon l'installe sur le trône de Hollande et l'oblige à épouser la belle et sensible Hortense de Beauharnais. Formé à la marine, le dernier frère, Jérôme, devient roi de ***Westphalie***, où il ne brille guère par ses qualités de gouvernant.

Westphalie : ***territoire en Allemagne.***

Ses sœurs, de précieuses alliées

La sœur aînée, Élisa, une femme de tête, aime s'entourer d'artistes mais dirige avec fermeté sa principauté à Lucques, en Italie. Pauline est sans aucun doute la préférée de Napoléon. D'une grande beauté, elle aime les bals et les réceptions où elle est entourée d'admirateurs. Mariée au prince italien Camille Borghèse, elle séjourne souvent à Paris. Fidèle à son frère, elle le suivra en exil à l'île d'Elbe. Tout aussi jolie et très ambitieuse, Caroline épouse le fougueux cavalier Joachim Murat, qui ne possède rien. Napoléon apprécie sa bravoure et le comble d'honneurs, et place le couple à la tête du royaume de Naples.

Cette caricature, *Le Jeu des quatre coins*, représente les frères Bonaparte, debout sur une carte du monde : Napoléon, au centre, a placé ses frères à la tête des royaumes qu'il a conquis, mais reste maître de son Empire.

L'Impératrice Joséphine

Porter sa traîne le jour du sacre ? Jamais ! Les sœurs Bonaparte détestent Joséphine. Elle est née en Martinique dans une famille noble. Quand elle rencontre Napoléon en 1795, Joséphine est veuve d'Alexandre de Beauharnais et mère d'Eugène et Hortense. Il ne résiste pas à son charme ***créole*** et l'épouse en mars 1796. Joséphine est une belle femme passionnée par les arts. Elle fait de sa demeure de Malmaison un lieu enchanteur au décor raffiné, et Napoléon lui pardonne ses dépenses pour la décoration ou la mode. Plus âgée de six ans que son mari, Joséphine ne peut lui donner de fils et se résout au divorce en 1809.

Créole :
personne née dans les colonies, dont la famille est d'origine européenne.

Ce magnifique et mélancolique tableau du peintre Prud'hon révèle la grâce de Joséphine, assise dans le parc de Malmaison.

Enfin un fils !

Par son second mariage Napoléon veut se lier aux monarchies européennes. Le 2 avril 1810, il épouse l'archiduchesse Marie-Louise, fille de l'empereur d'Autriche. D'abord réservée, cette douce jeune femme est vite charmée par Napoléon, plein d'attentions pour elle. Un an plus tard, 101 coups de canon retentissent à Paris et annoncent la naissance d'un garçon, qui reçoit le titre de « roi de Rome ». Napoléon est enfin père !

Napoléon aime la compagnie de l'Impératrice et du petit roi de Rome pendant ses repas. À la chute de l'Empire, Marie-Louise retourne en Autriche avec leur fils qui ne reverra pas son père. Il mourra en 1832 à 21 ans.

Lors de la campagne de Pologne en 1807, Napoléon rencontre la comtesse Marie Walewska (1786-1811), qu'il appela tendrement « mon épouse polonaise ». De cette relation illégitime naît un fils, Alexandre, en mai 1810. Il sera ministre des Affaires étrangères sous Napoléon III.

Les Français au quotidien

En 1800, la France est le pays le plus peuplé d'Europe avec 29 millions d'habitants. La majorité vit à la campagne dans des conditions difficiles en comparaison avec le quotidien des citadins.

Sol recouvert de carreaux, pièces assignées à une activité (repas, cuisine, détente), tableaux aux murs, mobilier divers, pièces lumineuses grâce à de grandes fenêtres : voici le décor d'une demeure bourgeoise sous l'Empire.

Un confort tout relatif

L'habitat rural est modeste, de deux à trois pièces, et la famille dort parfois dans un seul lit. Mais désormais les animaux sont dans des bâtiments à part, étable ou poulailler. Le mobilier est simple : table et chaises, coffres et buffets pour ranger, quelques gravures au mur. Les villes commencent à se développer mais les rues sont encore étroites, sales, sans trottoirs ni éclairage. Les appartements ont de trois à six pièces, du parquet au sol, du papier peint aux murs et des tentures aux fenêtres.

Le mobilier est très divers : table, guéridon, chaises, fauteuils, armoires et secrétaires. Le nombre de domestiques est signe de richesse : cuisinière, femme de chambre, servante et cocher, tous sont logés dans des mansardes et peu payés. À la campagne comme en ville, les efforts sont consacrés à chercher de l'eau, aux puits ou aux fontaines, et du bois, car cheminées et poêles sont les seuls moyens de chauffage. L'éclairage se fait à la bougie, avec parfois des chandeliers fixés au mur.

Lorsque les rues de Paris deviennent boueuses par temps de pluie, des enfants pauvres gagnent quelques pièces en louant aux piétons des planches, permettant de traverser une rue les pieds au sec.

Une hygiène sommaire

La toilette est sommaire, on se parfume plus qu'on ne se lave et le bain est rare, seuls quelques riches Parisiens ont une baignoire. Se brosser les dents est aussi un soin peu fréquent. Les citadines portent des robes légères ceinturées sous la poitrine, de petits chapeaux aux tons unis et sobres, et des châles colorés, très à la mode (Joséphine en avait 300 !). Les hommes sont influencés par le style anglais : veste courte devant et longue derrière, pantalon glissé dans des bottes cavalières en cuir. À la campagne, les vêtements sont plus colorés, en laine et en tissu solide. Les paysans chaussent des sabots de bois, tandis que les citadines portent des ballerines en cuir très fin, peu faites pour marcher dans les rues sales.

Les Français à table

Les Français consomment surtout du pain, de la viande et des volailles, un peu de poisson. Ils commencent à cuisiner des pommes de terre, et des pâtes en provenance d'Italie. À la campagne, on mange carottes, poireaux, choux, pommes, poires, prunes ; à la ville, on savoure tomates et oranges. Les herbes aromatiques et les épices parfument les plats, et tous les gourmands se régalent de gâteaux et de fruits secs. L'eau des puits étant rarement potable, on filtre l'eau de pluie et des cours d'eau ; les plus aisés peuvent boire de l'eau minérale en bouteille. Dans certaines régions, la bière est préférée au vin, tandis que le thé, le café et le chocolat deviennent des denrées de luxe, tout comme le sucre, en raison du ***Blocus continental***.

Blocus continental :
loi interdisant l'entrée des produits de l'Angleterre et de ses colonies dans tout l'Empire.

Comme à toutes les époques, les femmes sous l'Empire aiment se coiffer, se maquiller et suivent la mode avec goût : il y a tant de jolis chapeaux à porter !

Une société en mutation

Malgré la guerre, l'industrie commence à se développer, l'éducation s'étend un peu partout en France et la population s'adonne à de nouveaux loisirs.

Soucieux de progrès économique, Napoléon encourage M. Jacquart à développer son invention, un métier à tisser mécanique.

Livret : ***comprend la description physique de l'ouvrier, son adresse et les emplois occupés.***

Jeunes et moins jeunes, personnes de la bonne société, employés, soldats, artisans, paysans, tous se précipitent dès qu'un bal est annoncé, au moins tous les dimanches. Chaque profession organise aussi son bal annuel.

Des conditions de travail difficiles

En 1803, la surveillance des ouvriers s'accroît avec un ***livret*** qui doit être signé par la police. Les conditions de travail sont dures et les journées longues de plus de 11 heures. Le dimanche est le seul jour de la semaine consacré au repos. Le départ de nombreux hommes à la guerre permet l'augmentation des salaires et la cotisation à des caisses de secours. Lors d'un accident ou d'une maladie, une somme est versée à l'ouvrier ou à sa famille, car perdre son travail ou être handicapé jette vite une famille dans la pauvreté.

Sous l'Empire, le théâtre est très populaire et les représentations gratuites provoquent des émeutes : tous veulent entrer pour assister à une comédie ou un drame.

Être un enfant sous l'Empire

Un semaine après sa naissance, l'enfant est baptisé et confié à une nourrice. Dans les familles bourgeoises, la mère s'occupe des enfants, leur apprend la lecture et l'écriture, parfois la musique. À 6 ans, ils vont à l'école primaire, puis à 10 ans au collège, où ils étudient le français, le latin, les mathématiques, l'histoire. À la campagne, les enfants s'occupent dès 7 ans de la basse-cour ou du potager, tandis que les enfants pauvres des villes font des petits métiers comme cirer les chaussures ou sont employés dans une usine. Les marionnettes, les soldats de plomb, les poupées sont les jouets les plus appréciés avec les petites voitures et les livres d'images. Les enfants jouent aussi à la marelle ou à colin-maillard, avec des cerfs-volants et des cerceaux, des ballons ou des jeux de quilles, et rêvent devant les animaux exotiques des zoos.

Ce canon et son attelage tiré par deux chevaux est un jouet ayant appartenu au roi de Rome : il est réalisé en acier, en or et en ivoire.

Des campagnes vers la ville

L'agriculture évolue peu et l'***assolement triennal*** est toujours pratiqué. L'élevage est très important, il fournit la viande, le lait et la laine. Le bétail se compose le plus souvent de bêtes de trait, de bœufs, de chevaux et d'ânes. Beaucoup d'artisans (menuisiers, cordonniers, forgerons ou tailleurs) s'installent en ville où le travail est mieux payé et où ils peuvent passer du statut d'artisan à celui de maître, dirigeant un atelier de plusieurs ouvriers et apprentis. L'industrie textile et sidérurgique est encouragée par des subventions et, tous les deux ans, des expositions sont organisées à Paris pour montrer les progrès et les inventions dans différents domaines.

Les cafés sont à la mode

Les paysans et les artisans se retrouvent le soir au cabaret, pour boire, fumer et jouer aux cartes. En ville, les plus aisés vont dans les cafés et aux ***tivolis***. Le billard, dont raffole l'Impératrice Joséphine, est à la mode tandis que la lecture de romans et de journaux et la musique sont toujours très appréciées. Mais les auteurs et les journalistes sont soumis à la censure et surveillés. Enfin, à Paris et dans les grandes villes, les habitants se pressent au musée pour admirer tableaux et sculptures.

Assolement triennal :
une terre est cultivée deux ans de suite et on la laisse reposer la 3e année.

Tivolis :
jardins dont l'entrée est payante et où l'on peut boire et danser.

Napoléon et Paris

Passionné d'architecture, Napoléon veut faire de Paris la plus belle ville du monde. Il rêve d'une capitale moderne et agréable à vivre pour tous ses habitants.

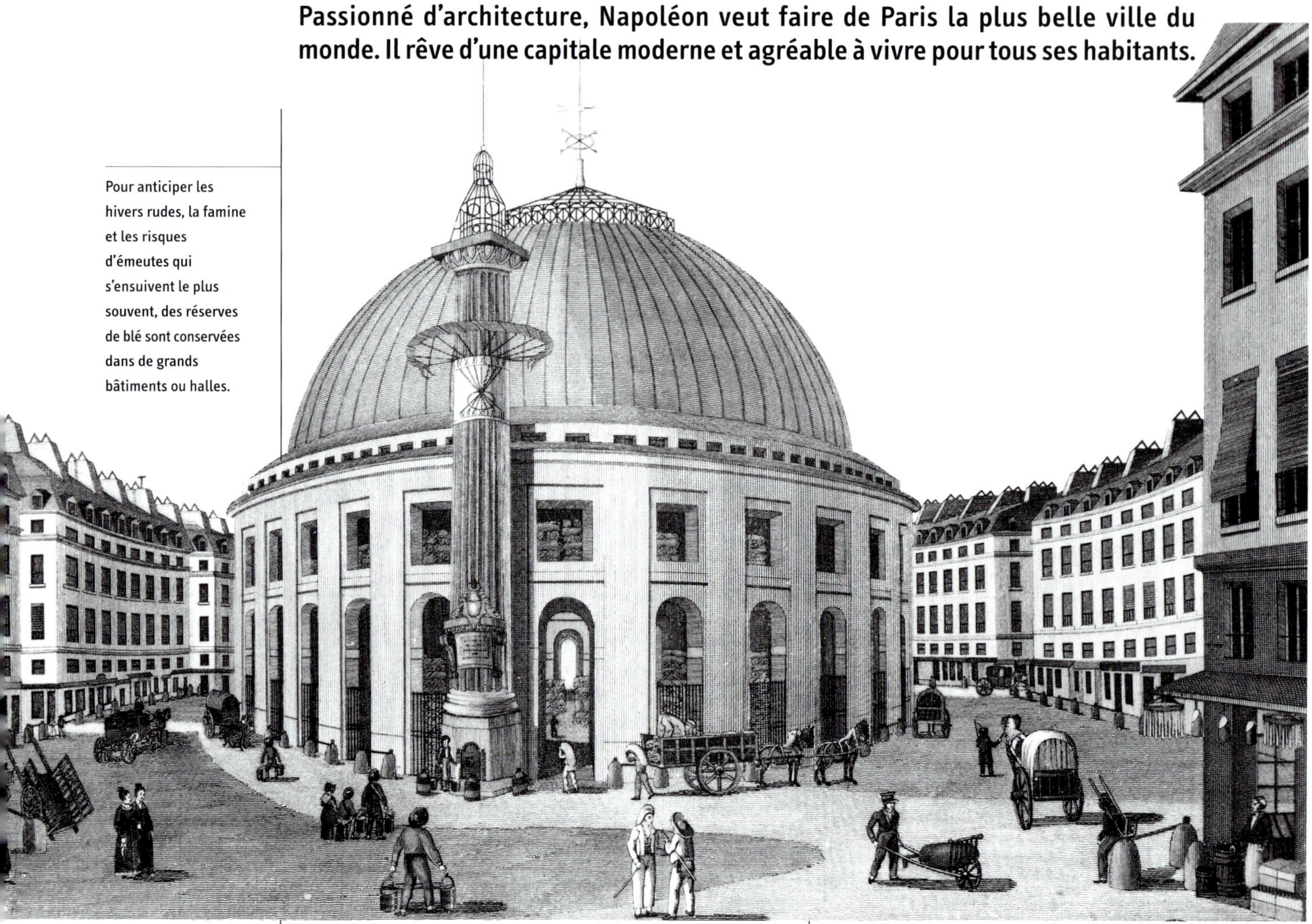

Pour anticiper les hivers rudes, la famine et les risques d'émeutes qui s'ensuivent le plus souvent, des réserves de blé sont conservées dans de grands bâtiments ou halles.

Sépulture : ***synonyme de** tombe **ou** de **tombeau.***

Campagne de 1805 : ***cette année-là, Napoléon remporte de grandes batailles sur les Autrichiens, notamment à Austerlitz.***

Des monuments prestigieux

Amoureux des arts, Napoléon organise des travaux d'aménagement au palais du Louvre, qui abrite le musée Napoléon, pour en faire « le plus grand musée du monde ». Le Panthéon, anciennement église Sainte-Geneviève, est devenu à partir de 1791 le lieu de ***sépulture*** des grands hommes de la nation. Napoléon y fait faire également des travaux de restauration et de décoration intérieure. Le maréchal Lannes, proche de Napoléon, et Portalis, un des juristes qui a rédigé le Code civil, y sont enterrés.

À la gloire des soldats

Napoléon tient à rendre hommage à ses soldats avec la construction de monuments, comme l'arc de triomphe du Carrousel et l'arc de triomphe de l'Étoile. Sur ce dernier sont gravés les noms des grandes batailles de la Révolution et de l'Empire, ainsi que ceux des généraux qui y participèrent. Haute de 42 m, la colonne de pierre qui orne la place Vendôme est recouverte de 425 plaques de bronze, issues de la fonte des canons pris à l'ennemi durant la bataille d'Austerlitz, et sur lesquelles figurent les épisodes de la ***campagne de 1805***. Elle est surmontée d'une statue de l'Empereur.

La place du Châtelet a été aménagée en 1808. Au centre, la fontaine du Palmier est ornée d'une colonne surmontée d'une statue ailée célébrant les victoires de Napoléon.

Une ville modernisée

Malgré quelques essais au gaz, l'éclairage public est assuré par des lampes à huile et n'est pas très performant. Les rues sont sales et sentent mauvais. Aussi Napoléon fait construire le canal de l'Ourcq, afin de mieux alimenter Paris en eau et améliorer la propreté de la capitale. Par mesure d'hygiène, Napoléon ordonne aussi que les morts ne soient plus enterrés autour des églises mais à l'extérieur de la ville. Quatre grands cimetières sont créés, dont celui du Père-Lachaise.

Voulant allier l'utile à l'art, Napoléon décide en 1808 qu'une immense fontaine surmontée d'un éléphant sera construite sur la place de la Bastille. Un escalier caché dans l'une des pattes devait permettre d'accéder aux machines gérant les jets d'eau. Débutés en 1812, les travaux ne furent jamais terminés.

La capitale réorganisée

La circulation dans Paris est améliorée avec la construction de nouvelles artères, comme la rue de Rivoli, qui longe le Louvre, et de ponts, comme ceux d'Iéna et d'Austerlitz. Le pont des Arts est le premier à être construit sur des arches métalliques. Comme le passage est payant, on sait que 11 000 personnes l'empruntent alors chaque jour. Si quelques rues sont numérotées, mais de manière fantaisiste, les Parisiens se repèrent aux enseignes des boutiquiers et des artisans. Aussi Napoléon décide-t-il que les rues seront numérotées, les numéros pairs d'un côté de la rue et impairs de l'autre. Le point de départ se fera à partir de la Seine, ou dans le sens du fleuve pour les rues parallèles.

Entre 1806 et 1808, l'arc de triomphe du Carrousel est construit en l'honneur des victoires de 1805 : chaque arche est encadrée de colonnes en marbre blanc, elles-mêmes surmontées d'un soldat. Des bas-reliefs racontent les grands événements de cette campagne, comme la bataille d'Austerlitz et la paix de Presbourg.

L'art au service de l'Empire

Le musée Napoléon est l'une des fiertés de l'Empereur. Il aime commander des œuvres glorifiant sa personne et ses victoires militaires et encourage la création.

Napoléon suit avec attention les travaux d'aménagement du musée Napoléon (le Louvre), conduits par Vivant Denon ainsi que les architectes Percier et Fontaine.

Napoléon veut son musée

Le Musée central des Arts, qui a ouvert en 1793 prend le nom de musée Napoléon en 1803. Les œuvres d'art y sont présentées et conservées dans de bonnes conditions afin d'assurer l'instruction des citoyens et des artistes. En 1802, Napoléon nomme directeur du musée Vivant Denon, qui l'avait suivi en Égypte. Chargé d'enrichir les collections, Denon

En 1807, le prince Camille Borghèse vend à Napoléon son immense collection. Parmi les nombreuses pièces figure ce chef-d'œuvre, empreint de délicatesse et de poésie, que le sculpteur italien Antonio Canova réalisa en 1793 : *Psyché ranimée par le baiser de l'Amour.*

Sous l'Empire, le musée Napoléon est ouvert au public le samedi et le dimanche ; les visiteurs peuvent à loisir admirer tableaux et sculptures et s'adonner au dessin.

parcourt l'Europe pour prendre des œuvres dans les pays vaincus, ou en acheter. Elles sont si nombreuses que Napoléon crée 15 musées en province, à Lyon, Bordeaux ou Marseille, et Denon y répartit tableaux et sculptures. À la chute de l'Empire (en 1815), la plupart des œuvres saisies sont restituées à leur pays d'origine. Le musée Napoléon expose aussi les artistes contemporains. À la demande de l'Empereur, Jacques Louis David reconstitue la scène du sacre dans un tableau de 9 m de long et plus de 200 personnages (dont la mère de Napoléon, qui n'avait pas assisté à la cérémonie !). Tous les deux ans, les Parisiens peuvent admirer ces œuvres destinées aux palais impériaux, au Salon des artistes vivants, où sont décernés des prix.

Napoléon a demandé au peintre Girodet-Trioson de peindre un épisode de la campagne de 1805 en Autriche. Après sa victoire à Ulm, Napoléon reçoit des dignitaires de Vienne les clés de la ville, en signe de soumission.

Thèmes antiques :
c'est-à-dire l'histoire de la Grèce et de l'Empire romain.

Romantisme :
courant artistique qui s'attache à l'individu et à ses pensées intimes.

Nouveaux courants en peinture

David forme dans son atelier ceux qui vont devenir les plus importants peintres de l'époque : Gros, Girodet, Ingres, Gérard. Ils apprennent à dessiner et à composer un tableau. David est le représentant de la peinture néoclassique : de grands tableaux aux ***thèmes antiques*** (*Les Sabines*). Parallèlement, de jeunes peintres expriment une nouvelle sensibilité qui annonce le ***romantisme***.
La photographie n'existant pas, les voyageurs portent sur eux des petites boîtes ornées de portraits (ou de miniatures) de personnes qui leur sont chères. Isabey est le plus célèbre miniaturiste de l'époque et réalise les portraits de Napoléon, de Joséphine, de Marie-Louise ou du roi de Rome.

La mythologie inspire la sculpture

L'art du portrait trouve sa correspondance dans celui des bustes. Chaudet et Houdon sculptent dans le marbre les traits de Napoléon, des membres de la famille impériale, des maréchaux et des grands dignitaires, et parviennent à rendre compte de la douceur ou de la force de caractère de leurs modèles. La mythologie grecque et romaine inspire également les artistes, tel l'Italien Canova qui représente Napoléon en Empereur romain.

Le style Empire

L'Empereur s'entoure d'artistes renommés pour meubler ses appartements. Il favorise ainsi l'apparition d'un nouveau style décoratif et lance la mode.

Ce superbe lit-bateau, richement décoré et surmonté d'un baldaquin de mousseline blanche, a été réalisé pour Mme Récamier. Épouse d'un important banquier parisien, elle tenait un salon où les plus grands artistes se réunissaient pour parler art et politique, ce qui déplaisait grandement à Napoléon.

Somno :
on y place les objets de nuit comme le pot de chambre.

Psyché :
grand miroir pivotant permettant de se voir en entier.

Un mobilier luxueux

Napoléon influence les arts décoratifs par son goût pour les formes simples et les styles égyptien et romain. Les meubles sont en acajou foncé, ornés de têtes de sphinx, de danseuses, de motifs végétaux ou encore d'abeilles et de cygnes en bronze doré. Le lit-bateau aux côtés arrondis et aux extrémités relevées est à la mode, souvent accompagné d'une table de nuit ou ***somno*** et d'une ***psyché***. Les sièges et les fauteuils sont recouverts de tissus précieux et colorés. Les immenses tapis sont décorés d'aigles, d'abeilles, de fleurs et de formes géométriques qui entourent le *N* napoléonien. L'ébéniste Jacob-Desmalter et le bronzier Thomire ont les faveurs de Napoléon et de la Cour impériale, ainsi que les architectes Percier et Fontaine.

Au XVIIIe et au XIXe siècle, le cabaret désigne un service à thé ou à café. Fabriqués en 1810 par la Manufacture de Sèvres, ces éléments d'un cabaret à café de l'Empereur sont décorés de scènes et de motifs égyptiens ; la sous-tasse est ornée en son centre du portrait de Roustam, mameluk que Napoléon avait ramené d'Égypte. Ce service a été utilisé par l'Empereur au palais des Tuileries et durant son exil à Sainte-Hélène.

Une littérature censurée

Lucide, Napoléon déclare : « J'ai pour moi la petite littérature, et contre moi la grande. » En effet, les plus grands auteurs de l'époque, Chateaubriand ou Mme de Staël, sont résolument opposés à Napoléon parce qu'il gouverne seul. La littérature et le théâtre sont censurés, tous les textes destinés à être publiés doivent être soumis à une autorisation, et les auteurs contre le régime impérial peuvent être exilés hors de France. Chateaubriand choisit de voyager librement en Italie, mais Mme de Staël doit s'installer en Suisse contre son gré.

Cette parure a été offerte par Napoléon à l'archiduchesse Marie-Louise à l'occasion de leur mariage en 1810 : elle comprend un collier, une paire de bracelets, un peigne et une paire de boucles d'oreilles, en or et décorée de paysages de ruines romaines. C'est la seule parure complète de l'Impératrice qui reste à ce jour.

Porcelaine et orfèvrerie réputées

De somptueux services de porcelaine de Sèvres ornent les tables impériales lors des grandes réceptions ou servent parfois de cadeaux diplomatiques. Biennais est le maître incontesté de l'orfèvrerie et réalise pour Napoléon des services raffinés, à thé ou à café. Formé à l'ébénisterie, il excelle aussi dans la création de nécessaires de voyage, coffrets dans lesquels flacons et ustensiles s'emboîtent pour prendre le moins de place. Napoléon lui a commandé un nécessaire de toilette avec flacons de parfum, rasoirs, brosse à dents, peignes, boîtes de poudre, ainsi qu'un autre, de travail, avec règle, compas, encrier et plumes.

L'unification de l'Empire

En 1810, l'Empereur domine l'Europe, malgré les conflits incessants avec l'Angleterre. L'Empire est un gigantesque édifice fragile qu'il tente d'étendre et de consolider.

L'Europe de l'Ouest dominée

Confédération helvétique : ***premier nom de la Suisse.***

Napoléon est non seulement empereur des Français, mais aussi roi d'Italie (1805), protecteur de la Confédération allemande (1806) et médiateur de la ***Confédération helvétique*** (1803). En ayant installé ses frères au pouvoir en Hollande, en Espagne (Joseph Bonaparte) et en Westphalie (Jérôme Bonaparte), sa sœur (Caroline Bonaparte) à Naples, ou son beau-fils Eugène de Beauharnais en Italie comme vice-roi, c'est la majeure partie de l'Europe de l'Ouest que Napoléon domine. Avec l'annexion de la Hollande en 1810, l'Empire compte 130 départements et 44 millions d'habitants !

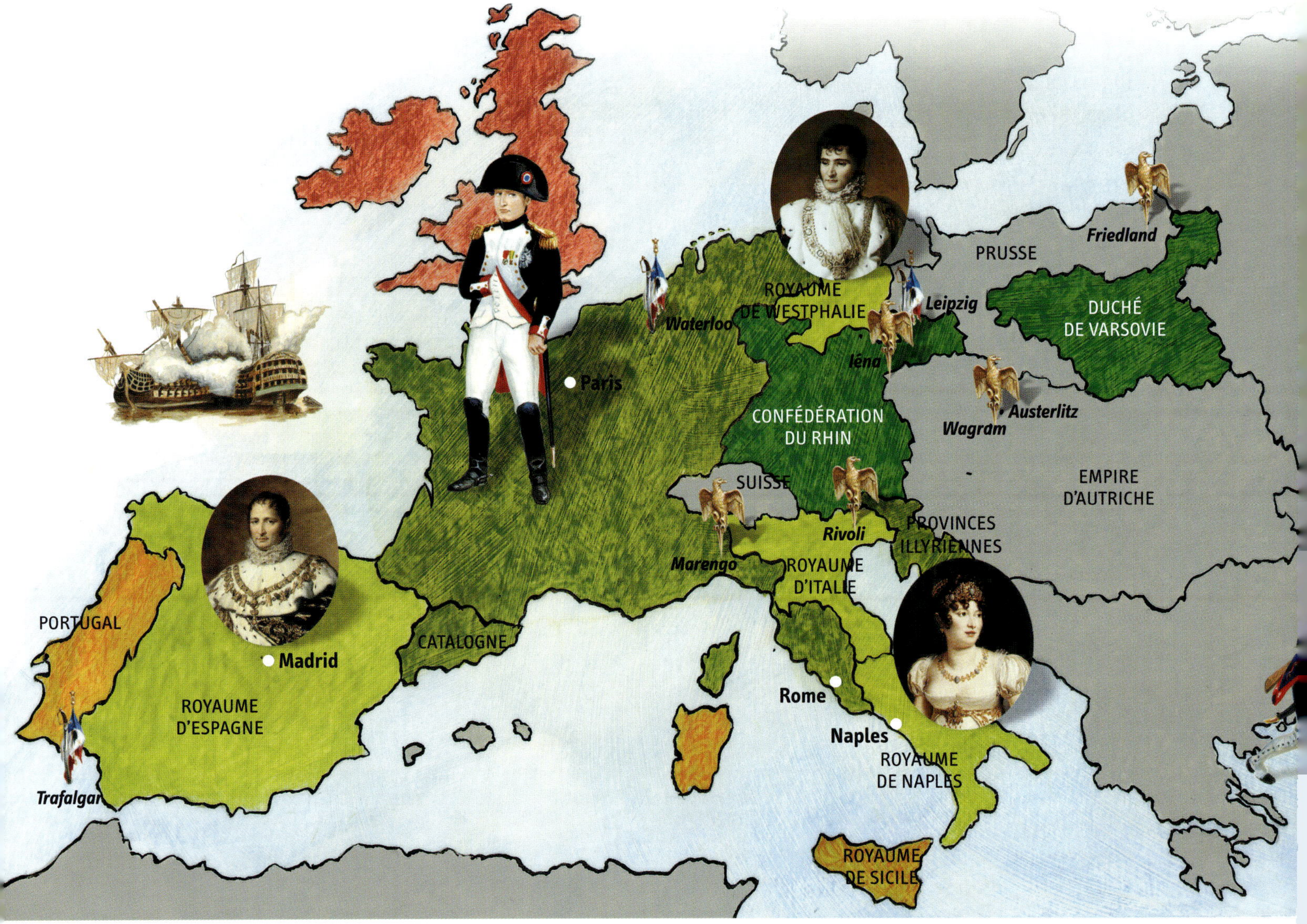

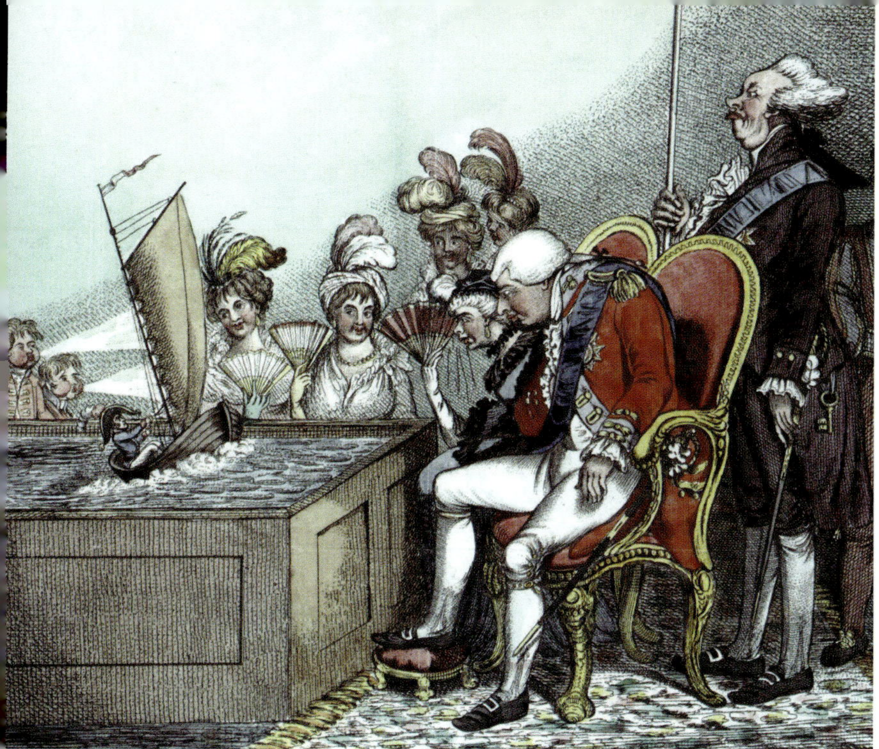

Cette caricature anglaise se moque de la volonté de Napoléon de s'opposer à l'Angleterre sur mer : le roi d'Angleterre Georges III rit des efforts de Napoléon qui se débat… dans un bac !

L'ennemi de toujours : l'Angleterre

L'Angleterre possède un commerce florissant qui s'appuie sur le développement de ses industries, ses colonies en Inde et dans les mers Caraïbes, et ses nombreuses relations commerciales avec les ports européens. La monarchie anglaise s'est violemment prononcée contre la Révolution française et n'a jamais reconnu ni la République ni l'Empire. Dans un premier temps, Napoléon voulait envahir l'Angleterre et organisa pour cela un camp à Boulogne : construction d'un port militaire et de centaines de bateaux, installation d'un camp pour les soldats, les chevaux et les armes. Mais la défaite française de Trafalgar montre que l'Angleterre est invincible sur mer.

Napoléon prône l'uniformisation

Le système des poids et mesures remplace les pratiques locales et le français devient la langue administrative. En instaurant le Code civil, Napoléon veut unifier l'administration générale. Il améliore le réseau routier existant et crée de nouvelles routes. Elles partent en étoile de Paris et sont numérotées : ainsi la route 6 relie la capitale à Rome en passant par les Alpes, grâce au percement du col de Simplon. Les ingénieurs des Ponts et Chaussées sont chargés de ces travaux d'aménagement.

Le Blocus continental

Napoléon décide alors, outre des campagnes militaires sur le continent, d'affaiblir économiquement l'Angleterre en organisant un Blocus continental. Il ferme les ports français aux commerçants anglais qui ne peuvent plus vendre leurs produits, et incite les pays comme l'Espagne, la Hollande ou l'Italie à faire de même. Ce système se révèle difficile à maintenir car il nécessite la mobilisation de soldats pour surveiller les ports et empêcher le développement de la contrebande. Or Napoléon a besoin de tous ses hommes pour consolider son Empire face aux coalitions conduites par l'Angleterre, alliée à la Russie, l'Autriche et la Prusse.

Napoléon en campagne

Napoléon se révèle être un chef militaire et un stratège exceptionnel. Au prix de nombreuses batailles victorieuses, il construit un immense empire.

Dominant le champ de bataille, Napoléon, entouré de son état-major, suit avec une longue-vue le déroulement des combats à Wagram, le 6 juillet 1809. Ce sera l'une de ses plus belles victoires, avec celle d'Austerlitz.

Un logement de fortune

En campagne, Napoléon loge dans une ferme, une auberge ou dans sa tente, recouverte d'une toile blanche rayée de bleu et bordée de rouge. Elle comprend une chambre et un cabinet de travail. La chambre est composée d'un lit en fer, d'une chaise et d'un bureau en bois, tous pliants. Il est accompagné de son valet de chambre Constant, du mameluk Roustam et de son secrétaire Méneval.

Avant l'assaut

L'Empereur étudie les cartes de la région et analyse les forces armées. Puis il organise les opérations militaires et donne ses ordres à son plus proche collaborateur, Berthier : il dirige l'état-major composé des généraux et officiers chargés de conduire la guerre. Ces derniers s'appellent Davout, Lannes, Masséna, Murat, Ney, Suchet, entre autres, célèbres pour leur grand courage. Avant et après les combats, Napoléon se promène parmi ses soldats pour les encourager et réconforter les blessés. Lors des batailles, il se poste à l'arrière pour en voir l'évolution et changer ses ordres si nécessaire.

Ce nécessaire a été utilisé par Napoléon pendant ses campagnes militaires : règles et compas sont indispensables pour étudier le terrain et organiser les mouvements des régiments pendant la bataille.

1805-1809 : que de victoires !

En guerre contre l'Angleterre, l'Autriche, la Prusse et la Russie, la France va enchaîner les victoires. Après son entrée dans Vienne en octobre, Napoléon gagne le 2 décembre 1805 à Austerlitz la bataille « des trois empereurs ». Il écrase les troupes du tsar Alexandre Ier et celles de l'empereur d'Autriche François Ier. Avec l'aide de Davout, Lannes et Murat, c'est la plus belle victoire de Napoléon qui rend hommage à ses soldats : « Je suis content de vous. "Il vous suffira de dire : J'étais à la bataille d'Austerlitz", pour que l'on réponde : "Voilà un brave !" » Sans attendre, l'Autriche signe la paix à Presbourg le 26 décembre, mais la Russie se tient en retrait et ne signe pas. La guerre reprend dès octobre 1806. En une semaine, les Français anéantissent les Prussiens, notamment le 14 octobre à Iéna. L'année suivante, Napoléon affronte la Russie. Lors de la bataille d'Eylau le 8 février 1807, les Russes manquent de peu de s'emparer de Napoléon, sauvé par Murat. Cette victoire française est suivie de celle de Friedland le 14 juin, puis de la signature du traité de Tilsit le 8 juillet 1807. La Prusse est la grande perdante car elle doit céder une grande partie de son territoire et doit verser une forte somme d'argent. Mais l'Autriche veut sa revanche et reprend les armes en 1809. Victorieux à Wagram en juillet, Napoléon est maître de l'Europe.

Cette reconstitution donne une image fidèle de la chambre de Napoléon en campagne : un garde à l'entrée d'une tente de toile rayée abritant un lit de camp, une petite table, un fauteuil et un siège, tous pliants. Au sol, un portefeuille destiné à transporter des documents.

À la veille de battre les Autrichiens à Austerlitz, Napoléon présente son plan d'attaque à ses généraux.

La Grande Armée

En 1813, Napoléon Ier est à la tête de plus d'un million de soldats. Ils forment la Grande Armée. Malgré un quotidien très éprouvant, les hommes restent fidèles à leur Empereur.

À l'aube, les soldats sont réveillés au son de la *Diane*, morceau joué par le musicien militaire, ou tambour, de leur régiment.

Le corps du génie est chargé de construire les fortifications pour assiéger une ville, mais aussi des ponts pour que les troupes, les chevaux, les canons, les chariots de munitions et de nourriture puissent franchir les fleuves.

Les différents corps d'armée

L'armée de terre comprend l'artillerie, l'***infanterie*** (grenadiers, fusiliers, chasseurs), la cavalerie (dragons, cuirassiers, carabiniers, lanciers et les célèbres hussards), le service de santé (chirurgiens et médecins), et le ***génie***. Napoléon utilise aussi des régiments étrangers : polonais, hollandais, italiens et espagnols. Enfin, la Garde impériale, l'élite de l'armée, protège l'Empereur.

Devenir soldat

Les soldats sont recrutés par conscription : tous les jeunes entre 20 et 25 ans doivent se tenir prêts à partir à la guerre et sont tirés au sort. Certains paient un remplaçant pour partir à leur place. D'autres se blessent car seuls les hommes en bonne santé sont enrôlés. Ils sont formés en quelques jours à marcher au pas, à utiliser et prendre soin de leur matériel et de leur arme, fusil, sabre ou lance. Les conscrits partent pour longtemps, souvent plusieurs années de guerre.

Infanterie :
elle regroupe les soldats à pied.

Génie :
ingénieurs chargés de la construction des ponts et des fortifications.

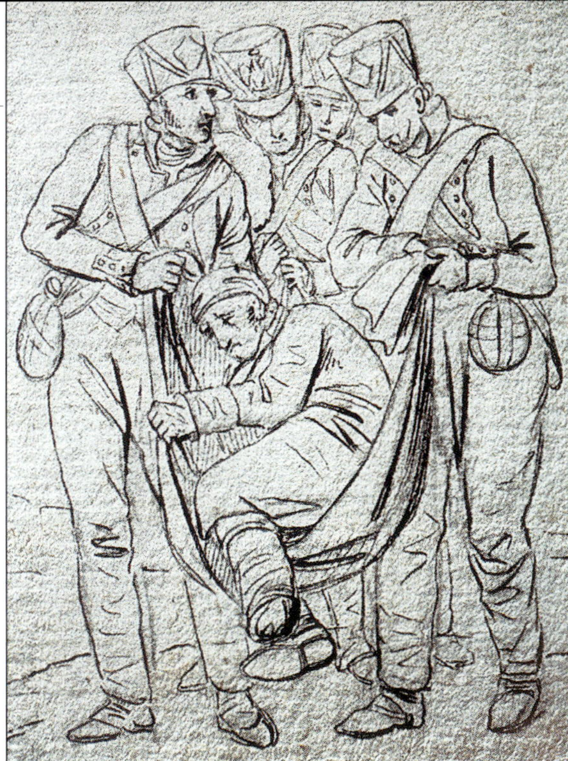

Les batailles peuvent être très meurtrières et les officiers ne sont pas plus protégés que les soldats. Les blessures sont mortelles ou très handicapantes.

Cet officier fait partie des grenadiers à pied de la Garde impériale. Pour intégrer ce corps d'élite, il faut mesurer au moins 1,70 m, avoir servi cinq ans dans l'armée et avoir fait deux campagnes.

Une vie rude

Pesant jusqu'à 30 kg, le barda du soldat comprend ses habits, sa pipe, du pain et du vin, le nécessaire pour entretenir son arme et son uniforme. Le repas est cuisiné à tour de rôle et servi deux fois par jour : une soupe de légumes mangée directement dans la marmite, du pain, un peu de viande, du vin ou de l'eau de vie. À l'étranger, les soldats réclament des produits auprès des fermiers. Au ***bivouac***, les soldats dorment près du feu, enroulés dans leur capote, pendant que d'autres montent la garde. Ils sont réveillés à l'aube par le tambour. La ***solde*** est toujours versée aux hommes avec retard, parfois de plusieurs mois.

Sur les champs de bataille

Avant la bataille, un discours de Napoléon est souvent lu aux soldats, puis des coups de canon sont tirés pour lancer le combat. Les ordres sont transmis par les musiciens, tambours et trompettes, ou par des aides de camp à cheval. L'artillerie entre en jeu là où l'ennemi paraît faible et envoie des boulets de 7 à 12 kg. Puis l'infanterie tire à feu nourri : elle est organisée sur trois rangs les uns derrière les autres et intervenant chacun leur tour, car il faut plus d'une minute pour charger son fusil et tirer. Enfin, la cavalerie charge pour déséquilibrer les ennemis. Avec la fumée des canons, les soldats ne voient souvent rien de ce qui se passe. Si tous sont valeureux, la Garde impériale est réputée pour son courage. Lors de la bataille de Waterloo, l'un de ses généraux cria à l'ennemi : « La Garde meurt mais ne se rend pas ! »

Sabre au poing, ce cavalier porte l'uniforme de hussard du 5e régiment, le plus prestigieux : colback surmonté d'un plumet, pelisse bordée de fourrure sur l'épaule, veste ou dolman et pantalon bleu ciel garnis de galon de couleur or, et ceinture cramoisie. Pour protéger leur visage des coups de sabre, les hussards portent leurs cheveux en grosses nattes sur les tempes.

Bivouac :
campement en plein air.

Solde :
salaire des soldats.

Des défaites dramatiques

En 1808 en Espagne, puis en 1812 en Russie, Napoléon essuie des défaites terribles. Il n'est plus infaillible aux yeux de l'Europe. L'Empire est en danger.

Formidables cavaliers, combattants courageux et féroces, les Cosaques ont accepté au XVIIIe siècle de former un régiment intégré dans l'armée russe. En échange, le tsar reconnaît leurs territoires et les coutumes de leurs tribus.

De la campagne de Russie...

Alexandre Ier refusant de soutenir le Blocus continental, Napoléon envahit la Russie avec 600 000 soldats, en juin 1812. Mais les Français sont sans cesse à la poursuite des Russes, qui refusent le combat pour épuiser l'ennemi dans leur vaste pays. Si les Russes battent en retraite à la bataille de Borodino le 7 septembre, il n'y a pas vraiment de vainqueur car les forces restent équilibrées des deux côtés. À Moscou, les Français, épuisés, affamés, pensent trouver des vivres, mais l'incendie allumé par les Moscovites brûle leurs derniers espoirs.

... à la débâcle

Le tsar attend la venue de l'hiver pour mieux attaquer les Français et Napoléon s'obstine. Mais la nouvelle d'un coup d'État à Paris le fait rentrer en France, laissant Murat et le valeureux maréchal Ney ramener le reste de l'armée. Les plaines russes sont recouvertes de neige à perte de vue et les températures descendent à – 30 °C. Les doigts, les pieds et les oreilles gelés, beaucoup meurent de froid et de faim, même si les chevaux morts sont mangés. Prisonnier de son désir de vaincre, Napoléon n'a pas pris en compte le climat particulier de la Russie : une erreur dramatique qui a coûté des centaines de milliers de vies.

Les soldats et les civils qui les avaient suivis tentent de surmonter le froid intense, la fatigue, la faim lors de leur retour en France que l'on appelle « la retraite de Russie ».

Joseph Bonaparte, frère aîné de Napoléon, a été placé sur le trône du royaume d'Espagne en 1808 : malgré un désir sincère de gouverner avec humanité, il ne fut jamais accepté par les Espagnols.

Du soulèvement espagnol...

L'Espagne, pays aux nombreux ports et allié de la France, tient une place importante dans le Blocus continental. Aussi, Napoléon profite d'une émeute des Espagnols contre leur roi Charles IV pour imposer son frère Joseph sur le trône. Mais ce dernier n'est pas accepté par le peuple, qui se soulève. L'Angleterre envoie les troupes du général Wellington pour soutenir les Espagnols. Peu après sa victoire à Somosierra en novembre 1808, Napoléon reçoit la capitulation de Madrid. Mais il doit regagner Paris car l'Autriche monte une nouvelle armée.

... à la guerre d'indépendance

Les Espagnols poursuivent la guérilla : ils attaquent sans cesse, jour et nuit, armés de fusils ou de fourches, et mettent le feu aux camps ennemis. Plus habitués aux vastes champs de bataille, les Français sont mal à l'aise dans les montagnes et les maquis espagnols. La population cache les insurgés et refuse de ravitailler les Français. Les combats sont terribles, les villages brûlés et les habitants tués. Mais les Espagnols sont animés d'une fierté nationale que Napoléon a sous-estimée : pour eux, c'est une guerre d'indépendance. Malgré quelques victoires françaises, Joseph est battu à Vitoria le 21 juin 1813 et doit céder le trône au roi Ferdinand VII.

Le 2 mai 1808, la population espagnole se révolte contre les troupes françaises entrées dans Madrid. Ce magnifique tableau du peintre espagnol Francisco Goya nous fait partager la lutte désespérée de la foule.

La fin de l'Empire

À partir de 1813, de nombreux pays se soulèvent. Napoléon et la Grande Armée résistent mais l'échec les guette. Les nouvelles défaites annoncent la fin de l'Empire.

Ce terrible portrait de Delaroche révèle toute la lassitude de Napoléon Ier, peu après son abdication le 6 avril 1814. Quelques jours plus tard, il tente de se suicider en avalant du poison, mais il est sauvé à temps.

Une démobilisation générale

En Europe, certaines populations avaient accueilli Napoléon comme un sauveur. Mais au fil des années, la présence des soldats français, l'obligation de participer au Blocus continental et l'augmentation des impôts sont de plus en plus mal acceptées. Le désir de fonder une nation indépendante s'oppose à l'appartenance à un grand empire placé sous la domination française, et des sentiments nationaux naissent en Espagne, en Allemagne et en Italie. En France, la population est lasse de la guerre. Après les campagnes d'Espagne et de Russie, l'armée française n'est plus aussi forte, numériquement et psychologiquement. Les officiers et les soldats sont fatigués et démoralisés.

L'Allemagne se libère

En 1813, Napoléon résiste en Allemagne contre une nouvelle coalition des Prussiens et des Russes, et remporte deux batailles en mai. Cependant, comme il a laissé des troupes en Espagne, il doit enrôler des régiments étrangers. Pendant quatre jours, du 16 au 19 octobre, se déroule la bataille de Leipzig, dénommée aussi « la bataille des Nations ». Confronté aux défections de ses régiments allemands, Napoléon est battu. Dès la nouvelle de cette défaite, la Belgique et la Hollande se soulèvent tandis que les Autrichiens, qui ont reçu le soutien de Murat, roi de Naples et beau-frère de Napoléon, dominent l'Italie. L'Espagne également perdue, l'Empereur n'est plus maître que de la France.

Suivi des maréchaux Ney et Berthier, des généraux Drouot et Gourgaud, Napoléon tente de défendre le territoire français face aux troupes autrichiennes, russes et prussiennes.

La France envahie

Les Anglais envahissent déjà le sud de la France, tandis que les Prussiens, les Autrichiens et les Russes menacent Paris. Napoléon ne dispose que de 60 000 jeunes soldats, face à une armée ennemie de 250 000 hommes. Il a beau s'écrier : « 60 000 hommes et moi, cela fait 160 000 », son armée doute. Et malgré deux victoires en deux jours à Champaubert et à Montmirail, Napoléon ne peut empêcher l'entrée des coalisés à Paris le 31 mars 1814. Marie-Louise et leur fils ont quitté Paris pour se réfugier en Autriche. L'Empereur est poussé à renoncer par ses maréchaux, qui ne croient plus en la victoire. De plus, le Sénat a voté la ***déchéance*** de l'Empereur.

Déchéance :
Napoléon n'est plus reconnu comme le souverain de la France.

Rétablie :
le nouveau régime s'appelle d'ailleurs « la Restauration ».

L'Empire n'est plus

Napoléon abdique à Fontainebleau le 6 avril 1814. Un premier traité lui donne la souveraineté de l'île d'Elbe, située près de la Corse et de l'Italie. La monarchie est ***rétablie*** en France et le frère de Louis XVI devient roi sous le nom de Louis XVIII. En octobre s'ouvre le congrès de Vienne où les représentants de tous les pays vont se partager l'ancien Empire napoléonien.

Le 20 avril 1814, au cours d'une cérémonie appelée « les adieux de Fontainebleau », Napoléon salue ses officiers et ses soldats. Puis il part vers l'île d'Elbe, son nouveau royaume.

Paris capitule le 30 mars 1814, et le lendemain le tsar Alexandre Ier, triomphant, remonte les Champs-Élysées avec son armée. Lassés de la guerre, les Parisiens accueillent les Russes avec ferveur.

Le retour de Napoléon

Pendant 10 mois, Napoléon dirige la petite île d'Elbe. Mais très vite, il fait le pari de reconquérir la France. Son nouveau règne ne durera que 100 jours.

Après 10 mois d'exil et moins de 3 jours de mer sur le bateau *L'Inconstant*, Napoléon débarque dans la baie de Juan le 1er mars 1815.

Émigrés :
nobles partis à l'étranger au moment de la Révolution française.

Napoléon, de nouveau un sauveur

Le 1er mars 1815, les habitants de Golfe-Juan ont la surprise de voir débarquer… Napoléon ! Avec 1 000 soldats, il passe les Alpes et arrive à Grenoble où l'attend l'armée conduite par Ney. Ce dernier est chargé de capturer Napoléon et de le ramener à Paris dans « une cage de fer », mais il se rallie à lui. Sur le chemin vers Paris, Napoléon découvre une population déjà lasse de la Restauration, inquiète du retour des ***émigrés*** et de l'ordre d'avant la Révolution. De plus, avec la fin du Blocus continental, des ouvriers sont au chômage car les produits anglais se vendent moins cher, des usines et des ateliers français commencent à connaître des difficultés. Napoléon est rassuré par l'accueil que lui fait la population.

Le 18 juin 1815, à Waterloo, protégé par la Garde impériale, Napoléon défie pour la dernière fois ses ennemis de toujours.

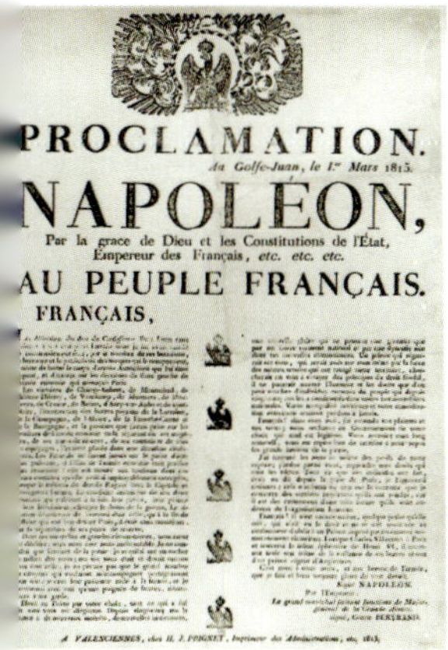

PROCLAMATION.
Au Golfe-Juan, le 1er Mars 1815.
NAPOLÉON,
Par la grace de Dieu et les Constitutions de l'État, Empereur des Français, etc. etc. etc.
AU PEUPLE FRANÇAIS.
FRANÇAIS,

Dès le premier jour de son arrivée à Golfe-Juan, Napoléon fait afficher dans la ville une proclamation encourageant ses soldats à le rejoindre afin de reconquérir son trône et rétablir l'Empire : « Soldats, venez vous rangez sous les drapeaux de votre chef. Son existence ne se compose que de la vôtre ; ses droits ne sont que ceux du peuple et les vôtres. »

Un nouveau gouvernement

Dès le 19 mars, Louis XVIII se réfugie en Belgique. Le lendemain, Napoléon est de retour aux Tuileries et forme un nouveau gouvernement. Cependant, il est obligé de reprendre ses anciens ministres, bien que certains l'aient trahi, comme le ministre de la Police, Fouché. Si une partie de la population se réjouit du retour de l'Empereur, la bourgeoisie est plus hésitante, car la perspective de nouvelles guerres n'est pas favorable au commerce.

Une décision malheureuse

Napoléon prend l'initiative d'envahir la Belgique avec 130 000 soldats. Le 16 juin 1815, il est victorieux à Ligny et se prépare à la bataille décisive de Waterloo. Mais des ordres mal compris, les maladresses de Soult et de Ney, le retard de Grouchy, et la résistance farouche des Anglais et des Prussiens précipitent Napoléon dans la défaite le 18 juin 1815, malgré le dernier sursaut de la Garde impériale.

La seconde abdication

Le 22 juin, Napoléon capitule pour la seconde fois et Louis XVIII est de retour à Paris le 8 juillet 1815. Tenté de trouver refuge aux États-Unis, Napoléon se rend pourtant aux Anglais le 14 juillet, convaincu du respect de son rang et des règles militaires. Mais les Anglais considèrent que Napoléon s'est mis hors la loi en trahissant le traité de Fontainebleau et en revenant faire la guerre pour conquérir son trône. Ils lui retirent son titre d'empereur, ne l'appellent plus que « le général Bonaparte », et l'exilent à Sainte-Hélène, une île perdue au milieu de l'Atlantique Sud, à plus de 2 500 km des côtes les plus proches.

Revêtu d'un manteau de velours brodé de fleurs de lys, symbole des rois de France, Louis XVIII devient roi de France et de Navarre en 1815, à l'âge de 60 ans, et régnera jusqu'à sa mort en 1824.

L'exil à Sainte-Hélène

Après un voyage de deux mois et demi, Napoléon découvre le 17 octobre 1815 la petite île de Sainte-Hélène, sa dernière résidence.

Les compagnons d'exil

Les personnes les plus dévouées à Napoléon sont sans aucun doute son valet de chambre Marchand, le mameluk Ali, et son maître d'hôtel Cipriani, qui veillent à son confort. Le grand maréchal Bertrand et le comte Montholon, accompagnés de leurs épouses, ainsi que le comte Las Cases et le général Gourgaud partagent l'exil de leur Empereur. Les rivalités sont grandes, chacun voulant être le seul à recevoir les confidences de Napoléon.

Napoléon sombre dans l'ennui

La maison de Longwood est une ancienne grange, aux pièces humides et sombres. Napoléon dispose de six pièces, dont une bibliothèque et un cabinet de travail. Sa chambre est ornée de portraits de son fils. Les journées de l'Empereur sont occupées à l'écriture de ses mémoires qu'il dicte à Las Cases, Montholon ou Gourgaud, parfois plusieurs heures d'affilée, des heures à se souvenir des moments glorieux et à expliquer les erreurs de son règne :

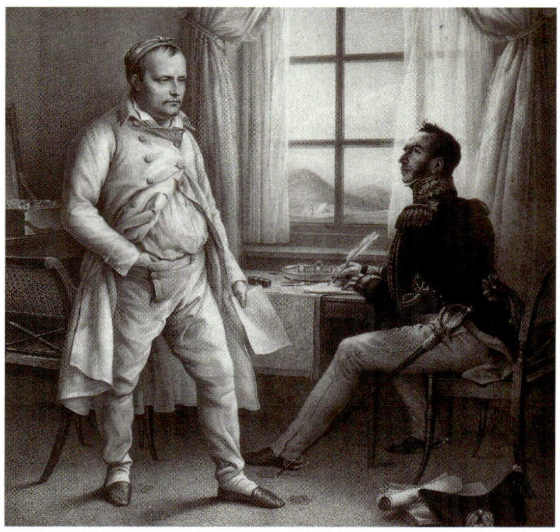

Lors de son exil, Napoléon entreprend d'écrire ses mémoires, témoignage de son destin fabuleux, de son génie militaire et politique. Chaque jour, faisant appel à sa prodigieuse mémoire, il dicte ses notes à ses compagnons d'exil, dont le général Gourgaud.

Une île comme prison

Possession anglaise depuis le XVIIe siècle, Sainte-Hélène est une île au climat chaud et humide, accessible par un seul port encaissé entre de hautes falaises. Obsédé par sa mission de surveiller celui qui s'évada une première fois, le gouverneur anglais Hudson Lowe réorganise l'île en une forteresse, avec 2 700 soldats, des canons et deux bateaux qui font le tour de l'île jour et nuit. La correspondance de Napoléon est ouverte, sa maison surveillée et il doit être accompagné d'un officier anglais lors de ses promenades. Cette atmosphère est très pesante pour Napoléon et ses proches.

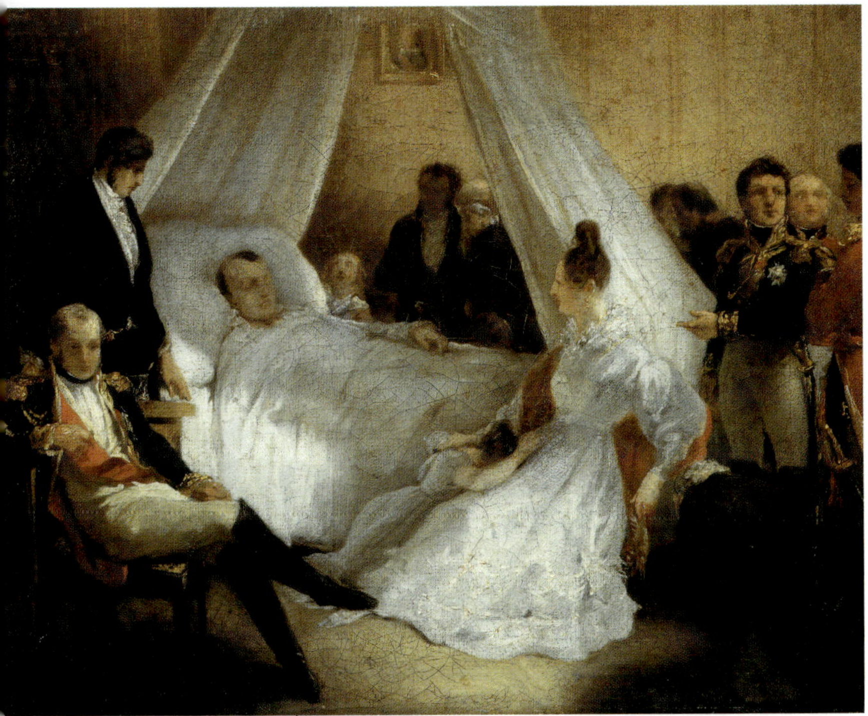

1840 : l'ultime retour à Paris

Napoléon meurt le 5 mai 1821. Dès la nouvelle connue en France, c'est une immense émotion ; ses anciens soldats vivaient dans le souvenir de ce grand homme et se plaisaient à raconter les campagnes victorieuses. En 1840, le roi Louis-Philippe organise le retour des ***cendres*** de Napoléon à Paris, désormais enterré dans la crypte de l'église Saint-Louis des Invalides. Cent ans plus tard, le corps de son fils est enseveli près de lui. Depuis, l'histoire, devenue légende, de ce jeune officier sacré empereur ne cesse de fasciner les historiens et les artistes dans le monde entier.

Le 5 mai 1821, peu avant 6 heures du soir, Napoléon meurt d'un cancer de l'estomac. Ses compagnons d'exil, plongés dans la tristesse, se recueillent une dernière fois autour du corps de celui qui fut le premier empereur des Français.

Cendres :
nom donné au XIXe siècle au corps d'un mort.

c'est le *Mémorial de Sainte-Hélène*. Les soirées se passent à jouer aux cartes ou aux échecs, à discuter et à écouter des mélodies au piano. Mais l'ennui s'insinue chaque jour un peu plus et Napoléon souffre du manque de nouvelles de son fils. Il ne sort plus de Longwood, refuse les visites et passe de plus en plus de temps seul dans sa chambre.

Peu de jours avant sa mort, Napoléon avait écrit dans son testament : « Je désire que mes cendres reposent sur les bords de la Seine, au milieu de ce peuple français que j'ai tant aimé. » Le 15 décembre 1840, le cortège funéraire, chargé de transporter la dépouille de l'Empereur jusqu'à son tombeau, sous le dôme des Invalides, traverse Paris, accompagné par le silence recueilli de milliers de Français et d'étrangers. Le cortège passe ici près de l'Arc de Triomphe ; sa construction décidée par Napoléon venait d'être achevée.

La dynastie de Napoléon

Charles-Marie Bonaparte
(1746 - 1785)

Joseph Bonaparte
(1768 - 1844)
Roi d'Espagne

Napoléon Ier
(1769 - 1821)
1804 : empereur

Lucien Bonaparte
(1775 - 1840)
Prince de Canino

Élisa Bonaparte
(1777 - 1820)
Princesse de Lucques

Joséphine de Beauharnais
(1763 - 1814)

Marie-Louise
Archiduchesse d'Autriche
(1791 - 1847)

Napoléon II
(1811 - 1832)

Maria Letizia Ramolino
(1750 - 1836)

Louis Bonaparte
(1778 - 1846)
Roi de Hollande

Pauline Bonaparte
(1780 - 1825)
Duchesse de Guastalla

Caroline Bonaparte
(1782 - 1839)
Reine de Naples

Jérôme Bonaparte
(1784 - 1860)
Roi de Westphalie

Hortense de Beauharnais
(1783 - 1837)

Joachim Murat
(1767 - 1815)
Roi de Naples

Napoléon III
(1808 - 1873)
1852 : empereur

Table des illustrations

costumes parisiens, modes parisiennes, Paris, 1818-1820 ; gravure ; Paris, BNF : © photothèque Hachette.
Le Lever des grisettes, caricature publiée sous le titre « Le Bon Genre » ; gravure XIXe siècle ; Paris, BNF : © photothèque Hachette.

P. 24-25 : Dutailly, *« La Poule », nouvelle danse*, 1810 ; gravure ; Paris, BNF : © photothèque Hachette.
Léopold Louis Boilly (1761-1845), *L'Entrée du théâtre de l'Ambigu-Comique à une représentation gratis* ; huile sur toile ; Paris, musée du Louvre : © Erich Lessing.
Douault-Wieland, *Canon sur son affût et attelage, acquis pour le roi de Rome*, vue de trois-quarts droit ; ivoire, pierres précieuses, acier, ébène ; château de Fontainebleau, musée Napoléon : © RMN/G. Blot.

P. 26-27 : Eugène Aubert, d'après un dessin de Courvoisier, *Vue extérieure de la halle au blé* ; gravure ; Boulogne-sur-Seine, bibliothèque Marmottan : © photothèque Hachette.
Éienne Bouhot (1780-1862), *La Place et la Fontaine du Châtelet*, 1810 ; huile sur toile ; Paris, musée Carnavalet : © photos12.com/ARJ.
Jean Antoine Alavoine (1776-1834), *Projet de fontaine surmontée d'un éléphant* ; dessin, encre noire, plume, rehauts d'or ; Paris, musée du Louvre : © Erich Lessing.
Nicolas Marie Joseph Chapuy (1790-1858), *Vue de l'Arc de Triomphe élevé à l'Étoile de la barrière de Neuilly en l'honneur de Napoléon Ier*, 1810 ; gravure à la manière noire ; châteaux de Versailles et de Trianon : © RMN/G. Blot.

P. 28-29 : Antonio Canova (1757-1822), *Psyché ranimée par le baiser de l'Amour*, 1793 ; sculpture en marbre blanc ; Paris, musée du Louvre : © Erich Lessing.
Louis Charles Auguste Couder (1789-1873), *Napoléon Ier visitant les escaliers du Louvre sous la conduite des architectes Percier et Fontaine* ; huile sur toile ; Paris, musée du Louvre : © Erich Lessing.
Anne-Louis Girodet de Roussy-Trioson (1767-1824), *Napoléon Ier reçoit les clés de Vienne le 13 novembre 1805*, 1808 ; huile sur toile ; châteaux de Versailles et de Trianon : © photothèque Hachette.
Hubert Robert (1733-1808), *La Salle des Saisons au Louvre*, 1802-1803 ; huile sur toile ; Paris, musée du Louvre : © RMN/C. Jean.

P. 30-31 : Frères Jacob, d'après Louis-Martin Berthault, *Chambre de Mme Récamier*, 1798 ; acajou, ébène, bronze doré ; Paris, musée du Louvre : © Erich Lessing.
François Regnault-Nitot (1779-1853), *Parure de l'impératrice Marie-Louise*, Paris, musée du Louvre : © RMN/H. Lewandowski.
Cabaret égyptien de Napoléon Ier, 1810 ; porcelaine dure de la Manufacture de Sèvres ; Paris, musée du Louvre : © RMN.

P. 32-33 : James Gillray (1757-1815), *Le Roi de Broddinguaq et Gulliver, Préparatifs de débarquement de Napoléon à Boulogne*, 1803 ; Paris, Bibliothèque de la Ville de Paris/Archives Snark : © photos12.com/Oasis.

P. 34-35 : Horace Vernet (1789-1863), *Napoléon Ier à la bataille de Wagram, le 6 juillet 1809*, 1836 ; huile sur toile ; châteaux de Versailles et de Trianon : © Erich Lessing.
Trousse de campagne de Napoléon Ier ; Paris, musée Carnavalet : © photothèque Hachette.
Reconstitution de la chambre de Napoléon en campagne ; Paris, musée de l'Armée : © photos12.com/ARJ.
Louis-François Lejeune (1775-1848), *Bivouac de Napoléon Ier à la veille de la bataille d'Austerlitz* (détail), 1808 ; huile sur toile ; châteaux de Versailles et de Trianon : © photothèque Hachette.

P. 36-37 : *Troupes françaises, infanterie de ligne : tambour battant la « Diane » (le réveil)*, collection d'uniformes sous Napoléon Ier ; gravure coloriée ; Paris, BNF : © photothèque Hachette.
Louis-François Lejeune (1775-1848), *Premier Passage du Rhin par l'armée française, le 6 septembre 1795*, 1824 ; huile sur toile ; châteaux de Versailles et de Trianon : © RMN/G. Blot – J. Schor.
Troupes françaises, Garde impériale : officier des grenadiers à pied, collection d'uniformes sous Napoléon Ier ; gravure coloriée ; Paris, BNF : © photothèque Hachette.
Soins aux blessés : © D.R.
Troupes françaises, officier de hussards, 5e régiment, collection d'uniformes sous Napoléon Ier ; gravure coloriée ; Paris, BNF : © photothèque Hachette.

P. 38-39 : Louis-François Lejeune (1775-1848), *Un cosaque*, 1806 ; lithographie ; châteaux de Versailles et de Trianon : © photothèque Hachette.
Klein, *Retraite de Russie* ; gravure coloriée ; Berlin, Deutsches Historisches Museum : © photothèque Hachette.
Baron François Gérard (1770-1837), *Joseph Bonaparte roi d'Espagne* ; huile sur toile ; château de Fontainebleau : © RMN.
Francisco de Goya y Lucientes (1746-1828), *Combat de la Puerta del Sol à Madrid, entre les citadins et les mameluks de la cavalerie de la Garde impériale, le 2 mai 1808*, 1814 ; huile sur toile ; Madrid, musée du Prado : © photothèque Hachette.

P. 40-41 : Paul Delaroche (1797-1856), *Napoléon Ier à Fontainebleau avant son départ pour l'île d'Elbe*, 1814 ; Paris, musée de l'Armée : © photothèque Hachette.
Jean Louis Ernest Meissonier (1815-1891), *Campagne de France, 1814*, 1864 ; huile sur bois ; Paris, musée d'Orsay : © Erich Lessing.
Adieux et Départ de Napoléon Ier pour l'île d'Elbe ; gravure coloriée ; Paris, BNF : © photothèque Hachette.
Le Tsar Alexandre Ier (1777-1825) remonte les Champs-Élysées avec son armée, 1814 ; Saint-Pétersbourg, musée de l'Ermitage : © photos12.com/ARJ.

P. 42-43 : *Débarquement de Napoléon Ier à la baie de Golfe-Juan près d'Antibes, le 1er mars 1815* ; gravure coloriée ; Paris, Estampes, BNF : © photothèque Hachette.
Proclamation de Napoléon Ier à l'armée à Golfe-Juan ; châteaux de Malmaison et Bois-Préau : © photothèque Hachette.
Bataille de Waterloo, le 18 juin 1815 ; gravure coloriée ; Berlin, Deutsches Historisches Museum : © photothèque Hachette.
Baron Antoine-Jean Gros (1771-1835), *Louis XVIII, roi de France et de Navarre*, châteaux de Versailles et de Trianon : © RMN/G. Blot.

P. 44-45 : Baron Charles Auguste de Steuben (1788-1856) (d'après), *Napoléon à Sainte-Hélène dictant ses mémoires au général Gourgaud*, 1818-1820 ; gravure sur papier ; châteaux de Malmaison et Bois-Préau : © RMN/M. Yann.
Baron Charles Auguste de Steuben (1788-1856), *Mort de Napoléon Ier à Sainte-Hélène, le 5 mai 1821*, 1828 ; huile sur toile ; musées de l'île d'Aix : © RMN/G. Blot.
Funérailles de l'Empereur Napoléon : arrivée du cortège à la barrière de l'Étoile, le 15 décembre 1840 ; lithographie ; Paris, Fondation Napoléon : © Photo12.com/Fondation Napoléon/P. Maurin-Berthier.

P. 46-47 : Baron François Gérard (1770-1837), *Jérôme Bonaparte, roi de Westphalie*, 1811 ; huile sur toile ; château de Fontainebleau : © photothèque Hachette.
Anonyme, d'après Hippolyte Flandrin, *Portrait de Napoléon II* ; huile sur toile ; château de Compiègne : © photothèque Hachette.
Josef Kriehuber, *Portrait du duc de Reischstadt, Napoléon II*, 1831 ; aquarelle ; collection Scioletti : © photothèque Hachette.
Johann Baptist Lampi, *Portrait de l'Impératrice Marie-Louise*, 1812 ; miniature ; collection Scioletti : © photothèque Hachette.
Charles Howard Hodges, *Portrait de Louis Bonaparte, roi de Hollande puis comte de Saint-Leu* ; Ajaccio, Hôtel de Ville : © photothèque Hachette.
Baron François Gérard (1770-1837), *Caroline Bonaparte, reine de Naples et ses enfants* ; 1809-1810 ; huile sur toile ; château de Fontainebleau : © photothèque Hachette.
Pietro Benvenuti, *Élisa Bonaparte entourée d'artistes à Florence*, 1813 ; huile sur toile ; châteaux de Versailles et de Trianon : © photothèque Hachette.
Robert Lefèvre, *Lucien Bonaparte, prince de Canino (1755-1840)* ; huile sur toile ; châteaux de Malmaison et Bois-Préau : © photothèque Hachette.
Anonyme, *Pauline Bonaparte (1780-1825)* ; château de Versailles : © photothèque Hachette.
Anonyme, *Murat général en chef des armées napoléoniennes à Capri en 1809* ; Paris, Bibliothèque Thi : © photothèque Hachette.